Louis de la Vallée-Poussin



# Der Weg zum Nirwana

## Sechs Vorträge zum frühen Buddhismus als eine Erlösungslehre

*The Way to Nirvana.*
*Six Lectures on Ancient Buddhism as a Discipline of Salvation.*

Hibbert-Lesungen, Manchester-College, Oxford
Februar bis April 1916

Angkor Verlag

Der Weg zum Nirwana. Sechs Vorträge zum frühen Buddhismus als eine Erlösungslehre./de la Vallée-Poussin, Louis. Aus dem Englischen von Julian Braun. – Frankfurt: Angkor Verlag 2018.

Website: www.angkor-verlag.de
Printed in Germany

ISBN: 978-3-943839-39-5

# Inhalt

**Vorwort**[1]

Ich bin äußerst glücklich, die Einladung der „Hibbert-Stiftung“ und meines herausragenden Freundes Dr. J. E. Carpenter akzeptiert zu haben. Es war eine gute Gelegenheit, eine Art Gewissensprüfung anzustellen und kurz und klar darzulegen, was ich über einen der Aspekte des alten klösterlichen Buddhismus denke, nämlich seine Theorien über das Heil. Aber selbst so begrenzt bleibt das Thema doch umfassend, und über wie viele Punkte könnte man nicht hinterher noch lange, wenn nicht endlos, diskutieren! Das ist einer der Nachteile des Genres „*lectures*“ (Vortrag, Vorlesung), dass man die Feinheiten opfern muss. Einer seiner Vorteile ist dafür, dass man sich auf das Wesentliche konzentrieren muss. Durch das Opfern einiger Baumgruppen und eines guten Teils des Laubes erhält man eine bessere Vorstellung des Waldes. Und das Schneiden von Alleen in den Wald, manchmal mit ein wenig Willkür, ist im Grunde genommen das einzige Mittel, ihn zu durchlaufen. Die natürlichen Pfade sind charmant, aber sie führen meist in die Irre.

Niemals hätte ich es gewagt, auf Englisch zu sprechen, wenn ich nicht auf das äußerste Wohlwollen der Lehrer und Studenten des Manchester College hätte zählen können, welches so viel an vertrauter und auserlesener Gastfreundschaft bietet – und auf die Hilfen meiner Freunde in Cambridge. Alle, neue und alte, rivalisierten vor Eifer. Man musste sprachliche Fehler und Barbarismen aus meinem englischen Ausdruck vertreiben; man musste, eine äußerst schwierige und besonders undankbare Arbeit, mir die Wörter und Zeitformen beibringen sowie mich auf eine halbwegs verständliche Art zu artikulieren. Bei dieser doppelten Mühe brachte Miss C. M. Ridding eine bewundernswerte Geduld und Erfindungsgabe auf. Ich bewahre auch ein bewegtes Andenken an die Güte, mit welcher der Meister Emmanuel und Mrs. P. Giles, während der Weihnachtsferien 1915 und am Vortag jeder meiner Rede-Erfahrungen im Februar und März 1916, meinen buddhistischen Hirngespinsten zugehört haben, meinen Akzent korrigierten und ihre Sorgfalt für die Nuance der Vokale und das Einatmen verwandten – so notwendig und so schwierig – und die besser geeigneten Varianten der Aussprache vorschlugen.

---

[1] Das Vorwort ist auch in der englischen Übersetzung auf Französisch, der Dank geht an L.R. für die Übersetzung.

Durch diese Übungen gelang es, den Text gedanklich und stilistisch zu verbessern. Ich danke auch sehr M. E. J. Rapson, Sanskrit-Professor an der Universität Cambridge, der sehr nützlich die Korrekturfahnen gelesen hat, sowie M. E. J. Thomas, der sein Zeichen auf allen Seiten des Manuskriptes gemacht hat.

L.V.P.

## Vorwort zur deutschen Übersetzung

Ich freue mich über das Erscheinen der Übersetzung eines weiteren Textes aus der Frühzeit der westlichen Buddhismus-Kunde. Die „Sechs Vorlesungen zum frühen Buddhismus als eine Erlösungslehre" von Louis de la Vallée-Poussin (1869-1938) sind in doppelter Hinsicht lesenswert: Zum einen offerieren sie viele prägnante Informationen zu zentralen Aspekten des indischen Buddhismus (wie zum Beispiel Askese, Erlösung, Götter) aus dem größeren Blickwinkel einer indischen und allgemeinen Religionsgeschichte. Zum anderen sind die kritisch besprochenen Punkte noch weitgehend dieselben wie schon zur Zeit des Buddha selbst und dann in der Apologetik und Exegese seiner Nachfolger. Dies betrifft insbesondere die Frage nach der Vereinbarkeit von Karma-Lehre, Nicht-Selbst und Wiedergeburt, bzw. die rational nicht wirklich gelungene Auflösung dieser mit inhärenten Widersprüchlichkeiten versehenen Aspekte des Buddhismus, der ja auch heute noch von treuen Anhängern gerne als eine „auf Erfahrung basierende, mit den Wissenschaften vereinbare" Lehre propagiert wird. Louis de la Vallée-Poussin darf zweifellos als einer der großen „Altmeister" der Orientalistik gelten. Seine erste Promotion erfolgte auf die Studien an der Universität Liège in den Jahren 1884-1889 im Alter von neunzehn Jahren. Eine zweite Promotion erfolgte 1891 in Löwen als Abschluss seiner Studien des Sanskrit, des Pali und der Sprache des Avesta bei Charles de Harlez und Philippe Colinet. An der Sorbonne in Paris studierte er bei Victor Henri und Sylvain Levi und erhielt 1891 den Lehrstuhl für Sanskrit in Löwen. Zeitgleich studierte er in Leiden unter Hendrik Kern den Zend-Avesta sowie chinesische und tibetische Sprache. 1893 erhielt er die Professur für vergleichende Grammatik des Griechischen und Lateinischen an der Universität Gent. Ab 1916 war er Mitglied der Russischen Akademie der Wissenschaften. Er verfasste auf Französisch ein umfangreiches Oeuvre, welches leider kaum in andere Sprachen übersetzt wurde.[2]

J.B.

---

[2] Zu nennen ist jedoch die vor einigen Jahren abgeschlossene Übersetzung seiner französischen Übersetzung des kompletten *Abhidharma kosa-Bhasya* des Vasubandhu ins Englische.

**Verzeichnis der von Poussin genannten/zitierten Sekundärquellen:**


Barnett, L. D.; *The Path of Light*; 1909

Barthe, Auguste; *Les Religions de l'Inde*; 1879

Boyer, A. M.; *Étude sur l'origine de la doctrine du Samsara*; 1901

Childers, Robert Caesar; *A Dictionary of the Pali-Language*; 1875

Hastings, James; *Encyclopedia of Religion and Ethics*; 1908-1927

Hoernle, A. F. R.; *Manuscript Remains of Buddhist Literature found in Easter Turkestan*; 1916

Hopkins, Edward Washburn; *Modifications of the Karma Doctrine*; 1906

Oldenberg, Hermann; *Die Religion des Veda*; 1894

Oldenberg, Hermann; *Aus Indien und Iran*; 1899

Oltramare, Paul; *Le rôle du Yajamana dans le sacrifice Brahminique*; 1903

Pischel, Richard; *Leben und Lehre des Buddha*; 1906

Rhys, Davids (Caroline Augusta Foley); *Buddhist Psychology*; 1914

Rhys, Davids (Thomas William), *Dialogues of the Buddha*; 1899-1921

Senart, M. E.; *Notes d'Epigraphie*; 1890

Thomas, E. J.; *Buddhist Scriptures*; 1913

Thomas, Frederick William; *Indian Antiquary*; 1905

Warren, Henry Clarke; *Buddhism in translations*; 1896

**Verzeichnis der von Poussin genannten/zitierten Primärquellen:**

*Abhidharma-Kosha*
*Aitareyabrahmana*
*Anguttara-Nikaya*
*Bodhicaryavatara*
*Brhadaranyaka-Upanischad*
*Cullavagga*
*Dhammapada*
*Dhiga-Nikaya*
*Itivuttaka*
*Jataka*
*Madhyamakavrtti*
*Mahabharata*
*Mahaniddesa*
*Mahavagga*
*Majjhima-Nikaya*
*Milindapanha*
*Nyayabindupurvapaksa*
*Paramatthajotika*
*Samyutta-Nikaya*
*Satapathabrahmana*
*Saundaranandakavya*
*Suttanipata*
*Udana*
*Vajracchedika*
*Visuddhimagga*

## *1. Ursprünge der indischen Erlösungslehren*

### 1.1 Religionen und Erlösungslehren

Allgemeinbegriffe sind immer etwas irreführend und geben Anlass zu Diskussionen. Aber eine ansatzweise Definition des Titels dieser Vorträge ist notwendig. „Der Buddhismus als eine Erlösungslehre“ wird dem „Buddhismus als eine Religion“ gegenübergestellt.

Es gibt und gab in Indien seit jeher eine Vielzahl von Religionen, Religionen im eigentlichen Sinne des Wortes. Sie weisen eine zahllose Vielfalt auf; sie unterscheiden sich häufig in wesentlichen Punkten voneinander; sie gehören verschieden Zivilisationstypen an. Aber, obwohl manche polytheistisch sind und manche monotheistisch und eine noch größere Anzahl pantheistische Züge aufweist, obwohl manche heidnisch sind, unredlich, abergläubisch und magisch, und manche in jeder Hinsicht erhaben und rein, manche logisch und kalt und manche mystisch und leidenschaftlich: Trotz all dieser Unterschiede fallen sie alle unter das Konzept von Religion, wie der Begriff im Allgemeinen von modernen Studenten der Religionsgeschichte verstanden wird. Ungeachtet ihrer Vielfalt, wurden alle „gemacht“, um die Bedürfnisse der Menschen in der Gesellschaft zu treffen – und sie treffen diese auch auf die eine oder andere Weise, übernatürliche Bedürfnisse, moralische und weltliche Bedürfnisse, individuelle und kollektive Bedürfnisse. Sie verkünden eine übermenschliche Kraft, was auch immer das Wesen und die Würde dieser Kraft sein mag; sie erklären die Pflichten der Menschen dieser Kraft gegenüber, oder, kompromissloser, die rechte Lebensweise bzw. den *modus vivendi* des Menschen mit dieser Kraft; sie beinhalten Gebete und Zauberformeln, Opfergaben, heilige Handlungen. Sie beschäftigen sich mit dem Wohlergehen der Verstorbenen und auch mit dem persönlichen Wohlergehen in diesem Leben; sie haben Lehren und Zeremonien für die Arbeit und die täglichen Sorgen, für Krankheit und für Sünden, welche oftmals als eine andere Art von Krankheit gelten. Sie lehren allgemeine Regeln des Verhaltens und durchdringen das Familien- und Stammesrecht, denn es gibt keine klare Unterscheidung zwischen dem Profanen und dem Heiligen.

Obwohl die Religionen Indiens für gewöhnlich durchaus indisch, durchaus hinduistisch sind, finden sich doch auch Parallelen außerhalb von Indien. „Hindu" ist das Wort, welches wir verwenden, um den besonderen, vielschichtigen Charakter der indischen Zivilisation zu bezeichnen.

Es gibt keinen Sanskrit-Begriff, der das ganze Feld von Glaubensvorstellungen und Praktiken abdecken würde, welches der Begriff Religion suggeriert. Aber wenn wir die vielen Begriffe untersuchen, welche eine religiöse Bedeutung mitteilen, wie z. B. *yajna* oder „Opfer" (bis hin zum magischen Opfer), *puja* oder „Verehrung" (häufig idolatrisch), *bhakti* oder „Hingabe", *dharma* oder moralisches und soziales Reglement, „Gesetz" und Tugend, erkennen wir, dass indisches „Opfer", „Kult", „Hingabe", „Gesetz" zwar durchaus hinduistisch sind und anders als das semitische Opfer, die ägyptischen Kulte, die christliche Gottesliebe, das römische *jus majorum*, dass sie aber nichtsdestotrotz einfach menschlich sind (*humain tout court*), was ihre führenden Ziele und ihre „Philosophie" betrifft.

Zum Beispiel sind die Götter und Riten der vedischen Religion völlig hinduistisch; sie unterscheiden sich größtenteils von den iranischen Typen, ganz zu schweigen von den anderen Religionen der alten Welt. Dennoch ist der Vedismus eindeutig ein Zweig der indo-europäischen Tradition; er ähnelt dem naturalistischen und patriarchalischen Glauben in der ganzen Welt, während er in nicht geringem Maße mit den gängigen Fantasien des alten und immer lebendigen Heidentums kontaminiert ist.

Seite an Seite mit den zu Recht so genannten Religionen entstanden in Indien seit dem 7. Jh. v. Chr. – viele hundert Jahre wäh-

rend, viele tausend Anhänger anziehend und einen starken Einfluss auf die indischen Religionen ausübend – eine Anzahl von „Lehren“ mit ganz eigenem Charakter.
Sie können nicht eindeutig als Philosophien oder Religionen beschrieben werden. Wir müssen sehen, welche Bezeichnung ihnen angemessen ist.
Sie sind „Lehren“, d. h. Komplexe von Lehren und Übungen, gemeinsam mit einer Lebensordnung und auf eine Praxis abzielend (das indische Wort ist *marga*, „Pfad“, oder *yana*, „Fahrzeug“). Und von diesem Standpunkt aus betrachtet sind sie mehr als reine Philosophien, Theorien oder Gelehrsamkeit. Aber es ist fraglich, ob man sie als „Religionen“ im eigentlichen Sinne bezeichnen sollte.
Im Unterschied zu den (eigentlichen) Religionen sind diese Lehren für Asketen gemacht, und nur für Asketen. Weiterhin sind sie rein persönlich bzw. individualistisch, d. h. sie kümmern sich nicht um den Nachbarn oder um den Tod. Sie sind unsozial und häufig antisozial: sie missbilligen die Ehe und verbieten sie häufig sogar. In der Regel bringen sie Sekten oder Orden hervor, ja sogar Kirchen, aber solche sozialen Gebilde sind für sie nicht ausschlaggebend: Selbst im Buddhismus, wo der Meister und die Kirche [die Gemeinschaft] überaus wichtig sind, existiert ein Glaube, dass in der zukünftigen Zeit, wenn der Meister vergessen, die Gemeinschaft zerstreut und der Buddhismus ausgelöscht ist, sich von Zeit zu Zeit „individuelle Heilige“ (*pratyekabuddha*) erheben, welche aus sich selbst heraus vollkommene Buddhisten sind, die wie ein Nashorn in der Wildnis leben, alleine und ohne Gefährten.
Ein anderes Merkmal dieser Lehren ist, dass sie sich in keiner Weise mit weltlichen Zielen beschäftigen. Die buddhistische Lehre ist dahingehend eindeutig: Jedwedes Handeln, welches auf irgendwelche Vorzüge des gegenwärtigen Daseins gerichtet ist, ist unheilsam.

Diese beiden Charakteristika lassen sich auch in einigen westlichen Einrichtungen finden. So gibt es zum Beispiel christliche Sekten oder Orden, welche sich mit sozialen und weltlichen Interessen so gut wie gar nicht beschäftigen; soweit könnte man die indischen Wege als „individualistische, transzendente Religionen" beschreiben. Aber sie weisen noch ein drittes Merkmal auf, bezüglich dessen sich alle nicht-indischen Parallelen als unzureichend erweisen, mit Ausnahme der Sufis, dem besten Beispiel einer Sekte von indischem Geist außerhalb von Indien; ein drittes Merkmal, hinsichtlich dessen unsere westliche Nomenklatur unzureichend ist.

Entweder glaubt der indische Asket nicht an Gott; oder, wenn er an Gott glaubt, spricht er wie der freimütige Sufi oder Spinoza: „Es gibt nichts außer Gott. Ich bin Gott." Aber die Haltung des indischen Asketen ist nicht diejenige eines westlichen Philosophen, eines Lucretius oder modernen Monisten. Denn er hat einen eigenen Glauben, der seinen westlichen Brüdern fremd ist. Kurz gesagt glaubt er an die Seelenwanderung (*trans-migration*), und diese ist es auch, welche er scheut. Seine positivistische oder monistische Philosophie wird darum mit einer Lehre, einem Pfad kombiniert, denn er muss sich selbst retten, sich von der Seelenwanderung befreien.

Der Mensch wandert von Existenz zu Existenz, getrieben durch den Wind [die Triebkraft] seiner Handlungen: Es muss einen Pfad zur Befreiung von Geburt und Tod geben. Dieser Pfad muss ein bestimmtes Wissen oder esoterische Weisheit sein, oder ein bestimmtes Opfer, eine bestimmte asketische Praxis, oder eine bestimmte ekstatische Meditation.

Es ist schwer, die Position von Gebeten oder Verehrung sowie der Moral innerhalb dieser Lehren zu bestimmen.

Gebet und Verehrung sind nie ein wesentlicher Teil des Pfades. Es kommt jedoch vor, dass Asketen – zum Beispiel die Buddhisten der Mahayana-Schulrichtung – glauben, dass die Götter oder vergöttlichte Heilige ihnen auf dem Pfad helfen könnten, ja sie sogar auf den ersten Stufen des Pfades führen: Gebet und Verehrung sind in so einem Fall nützlich oder sogar notwendig, aber sie müssen aufgegeben werden, sobald der Asket fortgeschrittener ist.

Was die Moral betrifft, ist keine Lehre der Ansicht, dass ein unmoralischer Mensch den Pfad erreichen könnte: ein reinigender Prozess wird als notwendig angesehen.[3] Alle Lehren jedoch bestätigen gerne, dass der Heilige sich jenseits von Verdienst und Unverdienst, guten und bösen Taten befindet: Kein Verdienst kann ihm zukommen, keine Sünde kann ihn beschmutzen. Im Mahayana-Buddhismus sind aktive Moral, Gaben oder Selbst-Aufopferung für das Wohlergehen eines Mitmenschen ein wesentlicher Bestandteil des Pfads. Ein Heiliger ist per definitionem ein „Gebender", ein „sich Erbarmender", aber seine Geschenke müssen den Geruch des Wissens der transzendenten Weisheit haben, dass es in Wahrheit keinen Geber, kein Geschenk und keinen Empfänger gibt (siehe Kapitel 3.3).[4]

Auf diesem Pfad, durch diese Furt (*tirtha*), überquert der Asket den Ozean der Wiedergeburten ebenso wie die Welt der Götter oder das Paradies. Der Asket glaubt an solche Welten – er ist kein Skeptiker, sondern erkennt die Gesamtheit der traditionellen oder populären Mythologie bereitwillig an, doch er verschmäht sie. Er verschmäht, wie die Philosophen sagen würden, jede bedingte Existenz. Er zielt auf etwas, was hinter den Welten liegt, etwas „Überweltliches" (um den buddhistischen Begriff *lokottara* zu

---

[3] „So wie ein sauberes [farbloses] Kleidungsstück, frei von Schmutz, gebührend die Farbe annimmt [in der es gefärbt werden soll], so entstand in Yasa, dem edlen Jüngling, eine reine, unbefleckte Einsicht in die Lehre."

[4] Eine Abhandlung zu dieser komplizierten Lehre findet sich in Hastings, *E. R. E.*, siehe „Bodhisattva", „Mahayana", „Nihilismus". [Der Verweis bezieht sich auf die 12-bändige *Encyclopedia of Religion and Ethics* von James Hastings, erschienen in den Jahren 1908-1927.]

übersetzen), ein mysteriöses Irgendwo. Ein Irgendwo, welches ewig ist und „frei von Leiden" und welches zuweilen „Erlösung bzw. Befreiung" (*moksa, mukti, apavarga*) genannt wird, zuweilen „Seligkeit" (*nirvrti, naihsreyasa*), und zuweilen Nirwana, d. i. „Labsal" oder „Frieden".

Derart sind die allgemeinen Kennzeichen dieser sorgfältigen indischen Institutionen. In vielerlei Hinsicht unterscheiden sie sich voneinander. Manche sind monistisch, pantheistisch oder mystisch (Upanischaden, Vedanta, Yoga); manche sind vorsätzlich atheistisch und rational (Jainismus, Buddhismus, Samkhya). Aber es sind Geschwister, von den gleichen Eltern gezeugt, nämlich Abneigung gegen das Leben und ein Liebe zum Geheimnisvollen. Wenn sie auch nicht alle hinsichtlich der Erlösung und dem Weg zur Erlösung übereinstimmen, so verfolgen sie doch alle Erlösung. Die richtige Bezeichnung für sie scheint „Erlösungslehren" oder „Pfade zur Befreiung".[5]

Die Zeit von Sakyamuni war eine Epoche überbordender Spiritualität. Brahmanen verkündeten neue Lehren. Es gab Diskussionen und dogmatische Wettstreite. Gruppen von Asketen, wörtlich „Furtbereiter", behaupteten, den Pfad entdeckt zu haben – eine Furt, welche über die Wiedergeburt hinausführt. Oder sie behaupteten, *Buddhas* zu sein, das heißt „Erwachte" oder „Erleuchtete". Es gab eine große Anhängerschaft für die Führer: Die Menschen beklagten, dass durch ihre Unterweisungen und ihr Beispiel „sie die Väter dazu veranlassen würden, keine Kinder mehr zu zeugen, die Frauen zu Witwen machen würden und verantwortlich für den Untergang der Familien seien". So groß war die Zahl der Kandidaten, welche nach der Befreiung suchten: Edle, Händler und Beam-

[5] Zur Vorstellung der Erlösung siehe Mrs. Rhys Davids Artikel „Moksa" in Hastings, *E. R. E.* VIII., S. 770. 774.

te, die *jeunesse dorée,*[6] Priester und Männer von priesterlicher Herkunft [d. h. Brahmanen und Brahmanenkinder], Frauen, Mädchen, Ehefrauen und Witwen aus gutem Hause, Angehörige der niederen Kasten sowie Kastenlose, z. B. Capa, die Tochter eines Hirschjägers, oder Punna und Punnika, Sklavenmädchen. Und es gab keinen Widerstand gegen irgendetwas, was das höchste Ziel der Befreiung erforderte. Manche – vor allem die Brahmanen – bevorzugten ein abgeschiedenes Leben in den Wäldern; andere bildeten Gruppen von wandernden Bettelmönchen. Alle gaben die heiligsten Traditionen auf, Opfergaben und den Kult der Toten. Alle akzeptierten das strengste Gesetz des Daseins. Um ein extremes Beispiel anzuführen: Ein Schüler des Jina [Mahavira] hatte eine strenge Abstinenz einzuhalten und fürchtete sogar, das Ungeziefer [zu seinen Füßen] zu zertreten. Er weist dann heißes Wasser und warme Speisen zurück, weil der Kochtopf den Geist des Feuers schädigen könnte – so stark ist seine Achtung vor dem Leben. Er zerstört seine Sünden durch außergewöhnliche Strafen; schließlich hungert er sich zu Tode und damit in die Befreiung. Nichts kann auf dem Pfad zu hart sein, wenn nur der Pfad zum erstrebten Ende führt.

Es war eine Zeit der Begeisterung, der strengen und scharfsinnigen Begeisterung.

Wir kennen die Geschichte zweier nobler und eifriger junger Männer, Sariputra, der zukünftige buddhistische Philosoph, und Maudgalyayana, der zukünftige Thaumaturge [Wundertäter].[7] Sie hatten sich einander das Wort gegeben: „Wer zuerst den Pfad zur Unsterblichkeit entdeckt, berichtet dem anderen davon.“ Ihr gutes Geschick führte sie zu dem großen Mann, für den das bekannte Nomen bzw. Adjektiv *buddha*, erleuchtet, die korrekte Beschrei-

---

[6] [Wörtlich „vergoldete Jugend“; Bezeichnung für die reiche und genusssüchtige Jugend der Großstädte in Frankreich.]

[7] Siehe Rhys Davids Artikel zu „Moggallana“ in Hastings, *E. R. E.* VIII., S. 769.

bung darstellt, d. i. zu Sakyamuni, dem Begründer des am meisten gefeierten Pfades unter den indischen Erlösungslehren.
Wir folgen ihren Fußstapfen und lauschen respektvoll der Lehre, welcher sie folgten. Auch wenn wir beim besten Willen diese Lehre nicht akzeptieren können, ist sie es nichtsdestotrotz wert, dass über sie nachgedacht wird.
Aber bevor wir Schüler von Sakyamuni werden, ist es notwendig, die Ursprünge der Vorstellungen zu studieren, auf denen der Buddhismus – ebenso wie die anderen Erlösungslehren – errichtet ist; und diese Untersuchung wird unsere aktuelle Aufgabe sein.

## 1.2. Alte arische Glaubensvorstellungen: die Toten, Götter, Opfer

Die Erlösungslehren entstanden zwischen dem 8. und 6. Jh. v. Chr. im mittleren und oberen Gangestal. Zu dieser Zeit und an diesem Ort gab es bereits seit langem einen intimen Austausch zwischen den beiden Anteilen hinduistischer Bevölkerung.
Auf der einen Seite standen die Eingeborenen (*aborigines*), über die wir keinerlei direkte Information haben. Es wird für gewöhnlich angenommen, dass alle Elemente der späteren Hindu-Zivilisation, welche nicht arisch sind oder arisch wirken, auf ihren Einfluss zurückgehen. Wie dem auch gewesen sein mag, moderne Forschungen zur nicht-hinduistischen Bevölkerung Indiens haben sich als ergiebig erwiesen. So wissen wir zum Beispiel, dass die Eingeborenen wie im Falle vieler Wilder (*savages*) an Reinkarnation glaubten. Sie erklärten die Empfängnis mit der Niederkunft eines fleischlosen Geistes, der schon früher einen menschlichen oder tierischen Körper oder sogar einen Baum bewohnt hat.
Auf der anderen Seite hatten die Arier, die indo-europäischen Eroberer Indiens, nachdem sie sich in Nordwest-Indien niedergelassen hatten, nach einiger Zeit das Ganges-Tal erreicht. Dabei brachten sie auch ihre Sprache mit – welche sich bereits in Dialekte aufgesplittert hatte –, sowie ihr heiliges Buch, den Veda, ebenso

wie ihre eigene Zivilisation, welche sich jeden Tag infolge zahlreicher Faktoren und Einflüsse veränderte und weiterentwickelte. Wir betrachten nun einige Aspekte dieser Entwicklung, wobei wir die Glaubensvorstellungen der Arier als unseren Ausgangspunkt nehmen.

Der Arier ist Mitglied eines streng organisierten [gesellschaftlichen] Körpers, der Familie der Menschen, welche in enger Beziehung zu den Göttern steht, besonders zu dem häuslichen Feuer und zu den Toten.

Das gesamte Gebilde des häuslichen und sozialen Lebens ist auf den die Toten betreffenden Glaubensvorstellungen errichtet. Das Schicksal der Toten hängt strikt davon ab, welche Dienste ihnen von ihren Nachkommen in der männlichen Linie erwiesen werden, welche einer legitimen Ehe entstammen und auf korrekte Weise in die religiösen Riten der Familie eingeführt worden sind. Daher eine strenge Verpflichtung zur Heirat, nicht nur, um das persönliche Wohlergehen eines Menschen nach seinem Tod zu sichern, sondern auch dasjenige seiner Vorfahren. Ebenfalls daher eine strenge Verpflichtung, eine Reihe von Zeremonien sakramentalen Charakters zu durchlaufen, welche das gesamte Dasein eines Menschen von seiner Empfängnis bis zur Einweihung (mit einer Phase des Studiums im Hause eines Lehrers), von der Heirat bis zum Tod betreffen. Niemand ist berechtigt, die Begräbnisriten, die zweiwöchigen Bankette und die täglichen Darbringungen für die Verstorbenen vorzunehmen, wenn er nicht Mitglied des religiösen (Sozial-)Körpers ist. Niemand kann auf Wohlergehen nach dem Tod hoffen, wenn die Riten für ihn nicht in korrekter Weise bei seinem Tod und in der Zukunft von einem Mitglied der Gemeinschaft ausgeführt werden.

Derart waren die Bedingungen für ein Wohlergehen nach dem Tod entsprechend den ältesten Vorstellungen in unserer Rasse.

Aberglauben in Verbindung mit der Vorstellung, dass die Toten im Jenseits weiterleben und in diesem schattenhaften Dasein von den Gaben abhängig sind, welche über ihrem Grab vergossen werden, sind in der vedischen Kultur nicht abgeschafft. Die allgemeine Sichtweise ist nichtsdestotrotz eine hoffnungsvolle. Die Toten, welche als „Väter" bezeichnet werden, beneiden nicht die Lebenden, wie es Achilles tat.

Einige von ihnen sind nun Götter. Der erste unter den Sterblichen, Yama, „der als erster die hohen Berge überquerte und einen Pfad für die Vielen ausspähte, der einen Weg für uns fand, damit wir nicht verzweifeln", dieser König Yama sitzt unter einem Baum mit Aruna, dem rechtschaffenen Gott. Die Väter versammeln sich um ihn, trinken Nektar, erfreuen sich der Trankopfer der Lebenden, erfreuen sich ebenfalls – und dieser Punkt ist bemerkenswert – ihrer eigenen frommen Taten, ihrer Opfergaben und Geschenke, besonders ihrer Geschenke an die Priester.[8]

Die Bleibe der Väter ist eine unsterbliche, unendliche Welt: „Dort möge ich unsterblich werden", spricht der vedische Dichter, „wo Freude, Vergnügen, Jubel und Frohlocken existieren; wo die Wünsche in Erfüllung gehen". Es ist kein geistiges Paradies. Was auch immer für poetische Beschreibungen wir antreffen, „höchste, strahlende Bereiche, mittlerer Himmel, dritter Himmel, Schoß der roten Morgendämmerung", die Freuden der Väter sind im Wesentlichen weltliche: Ströme von Milch, Milch und Wasser, Seen von Butter mit Inseln aus Honig, und auch Apsaras bzw. himmlische Tänzerinnen.

Die Toten waren glücklich, ihr Dasein ist es wert, gelebt zu werden. Die Menschen in diesen alten arischen Tagen haben vielleicht besessen, was die späteren Philosophen so beschrieben haben: „Der Mann hat drei Geburten: Er wird geboren von seiner Mutter,

[8] Oldenberg (Übersetzung von V. Henry), *Religion du Véda*, S. 453, 457.

wiedergeboren in der Person seines Sohnes, und er findet seine höchste Geburt im Tod."

Während die Asketen – die belesenen Asketen – von den Göttern nichts erwarten und sich vor den Dämonen nicht fürchten, hängt die Glückseligkeit der alten Arier in diesem Leben vom guten Willen der Götter und der Missbilligung böser Geister ab. A. Bart hat es treffend so ausgedrückt:[9] „Die Verbindung zwischen Menschen und Göttern wird als eine sehr enge wahrgenommen. Immer und überall fühlt er, dass sein Schicksal in ihren Händen liegt, und dass sie ihn beobachten. Sie sind des Menschen unmittelbare Herren, welche ihnen Aufgaben auferlegen und denen sie dauerhafte Huldigung schulden. Der Mensch muss bescheiden sein, denn er ist schwach und sie sind stark; er muss aufrichtig sein, denn sie können nicht getäuscht werden. Mehr noch: Er weiß, dass auch sie ihn nicht täuschen, und dass sie ein Recht haben, sein Vertrauen als Freund einzufordern, als Brüder und Väter ... Opfer sind häufig ein Akt der gefühlsmäßigen Ergriffenheit und Dankbarkeit gegenüber den Göttern, durch welche der Mensch ihre Souveränität anerkennt, ihnen für ihre Wohltaten dankt und auf weitere Wohltaten in der Zukunft oder im Leben nach dem Tod hofft."

Die vedischen Götter werden bis auf wenige Ausnahmen nicht als „transzendent" angesehen; bis zu einem gewissen Grad sind sie vom Menschen abhängig. So wie die Toten durch die Begräbnisgaben ernährt werden, so auch die Götter durch die notwendigen Opfergaben. A. Barth fährt fort: „Im gröbsten Sinne ist ein Opfer ein bloßes Geschäft. Der Mensch benötigt etwas, das die Götter besitzen, wie Regen, Licht, Wärme und Gesundheit, während die Götter hungrig sind und nach Opfergaben von den Menschen streben; es ist ein Geben und Nehmen auf beiden Seiten: ‚Für einen ausgemachten Preis lass uns Kraft und Leben austauschen, o In-

[9] *Religions of India*; S. 35 [Auguste Barth, 1834-1916, französischer Orientalist.]

dra! Gib mir, und ich werde dir geben; bringe zu mir, und ich bringe zu dir.'"

Böse Geister, wenn nicht im Rigveda selbst, dann zumindest in der vedischen Religion, sind nicht weniger wichtig als die Götter. Alle Aktivitäten des täglichen Lebens ebenso wie die Zeremonien der Religion müssen vor ihren Angriffen geschützt werden. Krankheit und Missgeschick jeglicher Art sind ihnen zuzuschreiben. Darum müssen sie versöhnlich gestimmt werden, und es ist eine alte Weisheit, dass „jedes übernatürliche Wesen (*yaksa*) Anspruch auf seine eigene Darbringung hat".

### 1.3 Brahmanische Spekulationen, Theologie, Ritualismus, „Wieder-Tod", Atman

Derart waren die wesentlichen Glaubensvorstellungen der arischen Religion und des arischen Lebens. Die Arier, obwohl sie keine *deisidaimonesteros* (δεισιδαιμονέστερος) waren,[10] liebten und respektierten ihre Götter. Sie aßen Fleisch, sogar das von Kühen; sie opferten, um männliche Nachkommen zu erhalten und ein hunderte Frühlinge währendes Leben. Sie hofften, nach dem Tod ihre Väter wiederzusehen und sich mit ihnen gemeinsam an den Gaben ihrer Söhne zu erfreuen. Das Leben ist heiter, freudvoll, aktiv und in keiner Weise geistig oder intellektuell.

Man sieht, was für ein radikaler Wechsel nötig war, um Asketismus und Heilslehren zu ermöglichen. Die eingefleischten Empfindungen der Arier mussten zerstört werden, um für eine gänzlich andere Vorstellung vom Leben und dem menschlichen Schicksal Platz zu machen.

Was waren die Ursachen für diesen Wandel? Sie waren in jedem Fall vielfältig.

[10] [Eine Wortbildung zu *desdaimonia*, welches in der antiken Religion zunächst Gewissenhaftigkeit bedeutete, später dann im Sinne von Frömmelei und Aberglaube verwendet wurde.]

Um zu beginnen, dürfen wir nicht vergessen, dass die Sanskrit sprechende Bevölkerung, die Priester und die feudale Aristokratie, welche die Heilslehren entwickelte, nicht mehr reine Arier waren wie die alten Dichter des Veda, sondern sich bereits mit den Einheimischen vermischt hatten. Oldenberg hat viel Wert darauf gelegt, diesen Umstand zu betonen: Wir hingegen sollten beim derzeitigen Stand unseres Wissens nicht zu viel darauf geben. Sicher ist jedoch, dass die intellektuellen Arier zur Zeit der Kompilation des Rigveda und danach die Welt nicht mehr so sahen und empfanden wie ihre Vorfahren. Sie hatten eine, wie es A. Barth nennt, „Liebe zum Geheimnisvollen“ entwickelt, „eine extreme Subtilität des Geistigen, eine Furchtlosigkeit vor Inkonsequenz und Absurditäten“. Zusammen mit der Ernsthaftigkeit bzw. *sérieux*, sind dieses Desinteresse und die Stärke der mystischen Suche ein prominentes Merkmal des indischen Geistes während seiner gesamten Geschichte.

Auf der anderen Seite übernahm die Aristokratie auch von Seiten der Einheimischen und von der Masse der arischen Bevölkerung, welche in täglichem Kontakt mit den Einheimischen stand, Aberglauben und Glaubensvorstellungen – wirre Ideen von Strafe, Ekstase und Wiedergeburt – wie auch das Prinzip des *ahimsa* oder „Respekt vor dem Leben“; eine Art von Kuh-Kult; neue Götter, obszön und grausam; Phallus-Verehrung; Idolatrie und so weiter. Solche Ideen sind zweifelsfrei entlehnt, dies lässt sich in vielen Fällen nachweisen.

Aber wie tiefgründig und umfassend der Einfluss neuer Ethnien und klimatischer Bedingungen auch war, die Sanskrit sprechende Bevölkerung, vor allem die Brahmanen waren die Erben und gläubigen Bewahrer der arischen Traditionen und Einstellungen. Die Vorstellungen, welche sie sich geborgt hatten, wurden sofort in rationale und weitgehend kohärente Lehren umgearbeitet. Auch dies kann für viele Fälle nachgewiesen werden, und wir bringen hier ein Beispiel, welches von besonderem Interesse für uns ist. Der Glaube an Reinkarnationen war reine und wilde Spekulation, verantwortlich für die Organisation dessen, was man Totemismus nennt, ein rückständiges und absurdes Heidentum, nicht mehr. Um uns dessen sicher zu sein, müssen wir nur die Bücher von Tylor oder Durkheim aufschlagen. Brahmanen und Buddhisten übernahmen diesen Glauben, der in der arischen Tradition gänzlich unbekannt war. Aber sie hatten keinerlei Schwierigkeiten damit, ihn entweder der Lehre von der Vergeltung guter und böser Taten anzupassen, oder an einen so strengen Monismus wie denjenigen der eleatischen Schule.

Der Wandel, den wir untersuchen, ist größtenteils nicht eine Revolution, sondern eine Evolution; und der sicherste Weg, ihn zu verstehen, ist vermutlich der, ihn als eine autonome Abänderung der ursprünglichen arischen Glaubensvorstellungen und Ansichten zu verstehen. Die Brahmanen, gleichermaßen mit einem Geschick für Bewahrung und Anpassung ausgestattet, waren die Vollbringer dieses Wandels.

Ein Wort zu den Brahmanen und ihrem vermutlichen Ursprung. Die ältesten Riten der Familie, Opfergaben an das häusliche Feuer, kannten anfänglich und für lange Zeit keine professionelle Priesterkaste. Der Familienvater und seine Frau waren die Priester ihres Feuers.[11] Aber ein bestimmtes Ritual, welches so alt ist wie die Zeit, als die Vorfahren der Iraner und vedischen Inder zusammenlebten, das Ritual des Soma-Haoma, hatte seit alter Zeit seine eigene Priesterschaft. In einem langsamen Prozess wurden die Mitglieder eines bestimmten Clans, welche sich besser auf die formellen Details in den Beschwörungen und Riten verstanden, zu den Herren des Altars und anerkannten Mittlern zwischen den Göttern und Menschen. Sie waren die Vorfahren der Brahmanen.

---

[11] P. Oltramare, *Le rôle du Yajamana dans le sacrifice*. [Paul Oltramare, 1854-1930, Orientalist und Gelehrter.]

Die Brahmanen waren von Berufs wegen mit Göttern, Opfern und Ritualen beschäftigt. Nach einiger Zeit, noch bevor der Rigveda kompiliert war, entwickelten sie sich zu Philosophen und machten viele wirkungsvolle Entdeckungen. Vier sind es Wert, hier genannt zu werden.

1. Am ältesten, wenn nicht sogar am wichtigsten: Die traditionellen Götter sind nicht die selbst-seienden und individuellen Wesen, welche die Poeten der Vorzeit so eifrig besungen haben.
Jedem von ihnen wurden lange Zeit die Eigenschaften und charakteristischen Kräfte seiner Kollegen zugeschrieben: der sogenannte „Henotheismus", der nicht – wie es Max Müller meinte – ein Stadium in der Entwicklung der Götter ist, sondern im Gegenteil, eine Stufe in Richtung ihrer Auflösung.
Der reine und schlichte Polytheismus wurde nicht zerschlagen, und er ist im heutigen Indien noch so lebendig wie dreitausend Jahre zuvor. Jedoch hat sich eine andere Theologie dahinter und darunter ausgebreitet, welche zuerst von den Denkern, dann von der breiten Masse angenommen wurde, eine esoterische und wissenschaftlichere Sichtweise des Universums.
Die Götter, die Götter, die wir kennen, sind keine wahren Götter. Wer dann ist der wahre Gott, der unbekannte Gott? Die Texte erlauben es uns, unterschiedliche Linien in der Entwicklung theologischer Fragestellungen zu untersuchen.
Wir treffen in den Veden zuweilen auf zarte Ausdrücke eines moralischen Monotheismus – und diese hallen während der gesamten Historie zuweilen wider. Varuna z. B. ist mehr als einmal eine Art Jehova des Fernen Ostens: Er hat die Sonne an den Himmel gesetzt und ihre Bahn bestimmt; es ist gemäß seinem Auftrag oder seiner Weisung, dass der Mond und die Sterne ihren unveränderlichen Kurs haben; er liebt die Wahrheit und hasst die Missetat; er vergibt dem reuigen Sünder. Aber es gibt keinen Beweis, dass dieser Monotheismus das Erzeugnis philosophischer Spekulatio-

nen ist. Wir sind geneigt anzunehmen, dass es sich vielmehr um den spontanen Ausdruck religiöser Empfindungen handelt, mehr eine Hingabe denn eine Lehre. Es ist eine Tatsache, dass die Theologie des späteren Veda zu einem blassen Theismus neigt, verbunden mit pantheistischen Tendenzen, welche im Verlaufe der Zeit stärker werden.

Der wahre Gott ist ein Schöpfer, ein Architekt des Kosmos, so wie es die alten Götter mehrheitlich auf ihre je eigene Weise waren („Henotheismus"). Aber die Veränderungen in der göttlichen Nomenklatur zeigen die Entwicklung der philosophischen Gedanken. Anstelle von Agni, dem allgegenwärtigen aber unsichtbaren Feuer, oder Indra, dem Träger des Blitzes, oder Varuna, welcher „der Ozean und in jedem Tropfen Wasser enthalten ist", bevorzugen die Dichter des Veda nun neue Namen wie Prajapati, den Herrn der Kreaturen, Visvakarman, den Erschaffer des Universums, den großen Asura bzw. Großen Geist, Svayambhu, das selbst-seiende Wesen oder Paramesthin, das Höchste.

Wenig Persönlichkeit ist mit diesen Göttern verbunden, welche keine Geschichte wie Indra oder Herakles haben, und die nicht „natürliche Götter" sind wie das Feuer oder der Himmel. Während die alten Götter, die Götter des Opfers, die mit kosmischen Kräften ausgestatteten, himmlischen Helden, die *Götter mit einer Geschichte* (*les dieux à biographie*) vor ihnen verschwinden, erscheinen sie selbst nur als Schatten einer noch dunkleren Wirklichkeit, oder nur als bloße Namen einer unpersönlichen, anonymen Kraft, eines universellen Prinzips.

> „Die Götter sind nur ein einziges Sein unter verschiedenen Namen." (*Ekam sad vipra bahudha vadanti.*)

Handelt es sich dabei um einen Gott oder eine Kraft? Wurde das Universum von einem Prinzip hervorgebracht, welches Namen und Form hat (*sat*), oder von einer flüssigen und undifferenzierten Masse (*asat*)? Waren zuerst die Götter da, und dann das Universum? Der Dichter bekennt, die korrekte Antwort nicht zu wissen: „Der Gott, der sich darüber befindet, weiß es, oder er weiß es nicht“; aber der wahre Gedanke des Dichters ist nicht strittig: Die urzeitliche Kraft ist gestaltete Hitze, Ordnung, Wahrheit, Wasser, ein goldener Keim (im Wasser entstanden), Kama bzw. Verlangen, Kala bzw. Zeit, Schöpfer und Zerstörer, oder, mit einem Namen, der dazu bestimmt ist, ein wunderbares Geschick zu haben, Brahman.

Brahman ist ein neuer Gott, aber ein altes Wort: Es bedeutet Gebet oder heilige Formel. Wie konnte das Wort eine neue Bedeutung dieser Art bekommen? Weil die heilige Formel selbst als große, schöpferische Kraft angesehen wurde.

2. So wie die Spekulationen über die Götter und die Weltentstehung zu einer Ersetzung der einstigen Helden durch abstrakte und obskure Kräfte führte, führte das Nachdenken über das Opfer in eine ähnliche Richtung.

Victor Henry neigt zu der Annahme, dass das indo-arische Opfer des Soma-Haoma, von dem das vedische Soma-Opfer abstammt, ursprünglich ein magisches Ritual zur Herbeiführung von Regen war.[12] Diese Sichtweise ist jedoch nur eine Vermutung. Aber zwei Punkte lassen sich festhalten: (1) Während magische Aspekte sich immer in alten Ritualen verbergen, sahen die ältesten Theologen des Veda, die Verfasser der Hymnen, im Soma-Opfer mehr als einen Akt reiner Opfergabe: „Zu Opfern bedeutet aufzuwühlen, ja eigentlich zu zeugen, zwei Götter ersten Ranges, die beiden Lebensprinzipien *par excellence*, nämlich Agni (das Feuer) und Soma (das Opfer).“[13] (2) Auf der anderen Seite war das magische Verständnis des Opfers für lange Zeit und in großem Umfang durch die erhabene Vorstellung kontrolliert, welche die Arier von

[12] [Victor Henry, 1850-1907, französischer Gelehrter und Sanskritist.]
[13] Barth, *Religions*.

ihren Göttern hatten. Später erfuhr diese Vorstellung eine enorme Entwicklung im Kreis der professionellen Opfer-Experten.
Inder – Zauberer, Priester, Philosophen oder Dichter – sind nicht wenig ambitioniert, sie wollen hoch hinaus. Die vedischen Priester wagten es, zu denken, dass ihre Hymnen, Formeln und Riten nicht nur die belebenden Kräfte waren, welche den Göttern in ihrem Kampf um Licht und Wasser halfen, sondern „sogar die Bedingung für den normalen Verlauf der Dinge". Opfer bewahren die Welt davor, ins Chaos zu stürzen. Wenn Opfer weiterhin das tatsächlich wirksame Tun im Kosmos sind, müssen sie auch zu Beginn ein kosmologischer Faktor gewesen sein. Es war durch Opfer, dass die Götter die Welt vom Chaos entbunden haben; es war durch Opfer, dass die Götter unsterblich wurden. Und warum also sollte der Mensch dann durch Opfer nicht ebenfalls unsterblich werden können?
Opfer an wen? An niemanden. Riten und Formeln sind aus sich selbst heraus wirksam.
Kurz gesagt: Das Universum wurde als ein großes Ritual verstanden, dessen Quintessenz der Veda ist, das ewige und schöpferische Wort. Vac, die Stimme bzw. Rede, wird an manchen Stellen als ein weiterer Logos gepriesen, aber dieser Logos ist magischer Klang, nicht Vernunft.

3. Das Verschwinden der lebendigen Götter, der Aufstieg der pantheistischen Götter, die mechanische Konzeption eines kosmischen Opfers – all diese Veränderungen der alten Ideologie gingen einher mit einer anderen und vielleicht noch wichtigeren Veränderung. Die Glaubensvorstellungen hinsichtlich des Schicksals des Menschen veränderten sich entscheidend. Die vedischen Inder entdeckten – Schritt für Schritt – die Lehre der Weitergeburt (*samsara*).
Wie sie diese Entdeckung machten, dass die Vorväter im Himmel, in den sie durch die Begräbniszeremonien geleitet wurden, erneut

starben, dass die Toten als Menschen oder Tiere wiedergeboren werden – wie sie zu diesen Ideen kamen, welche ihren Vorvätern und ihrem heiligen Brauchtum so fremd waren, wie sie es für uns sind, ist eine lange Geschichte.[14] Es ist die Geschichte eines radikalen Wandels bezüglich der geistigen und moralischen Gewohnheiten. Wir weisen hier nur auf einige entscheidende Aspekte dieser Lehre hin.

Der Ausgangspunkt ist die Anerkennung des „Wieder-Tod" (*punarmrtyu*) der Toten. Der Tod galt als eine nicht weniger machtvolle Kraft denn Verlangen oder Zeit. Es gibt eine Vielzahl tödlicher Kräfte, welche den Menschen überallhin verfolgen, manche in den diesseitigen Welten, manche in den jenseitigen. Darum sterben die Toten, obwohl sie halb-göttlich sind, erneut.

Auf der anderen Seite konnten die Philosophen, welche es wagten, die Ursprünge der Götter und des Universums zu untersuchen, nicht lange mit der traditionellen Eschatologie zufriedengestellt werden. Konnten sie zugeben, dass die Vorfahren für ewig eine vollkommene Glückseligkeit erfahren und alle Freuden eines vollkommenen menschlichen Daseins erlebten? „Was auch immer der Mensch erreicht, er strebt darüber hinaus; selbst wenn er den Himmel erreichen würde, würde er danach trachten, darüber hinaus zu gelangen." Ein ewiges Paradies des Mohammed oder eine Walhalla erscheinen einem philosophischen Geist unwahrscheinlich; es wäre für Philosophen in jedem Fall ein fehlerhaftes Paradies, wie Andrew Lang sagt.[15]

4. Die Vermutungen darüber, wie auf diesem Wege die Hoffnung auf Unsterblichkeit verworfen oder aufgegeben wurde, können nicht bei dieser Schlussfolgerung stehenbleiben. Es ist überall die

---

[14] Siehe A. M. Boyer, *Étude sur l'origine de la doctrine du Samsara*; J. As. 1901, S. 451.

[15] [Andrew Lang, 1844-1912, schottischer Schriftsteller, Anthropologe und Journalist.]

Rolle der Philosophie, natürliche Glaubensvorstellungen zu zerstören und sie entsprechend einem neuen Muster wiederaufzubauen. Diese zweite Aufgabe der Philosophie hat die vedische Philosophie nicht verfehlt zu erfüllen.

Psychologie betrat das Feld und folgende Unterscheidung wurde getroffen.

Auf der einen Seite gibt es den Körper mit seinen vitalen Kräften, welche in einer engen Beziehung zum Körper zu stehen scheinen, und welche die Wilden häufig mit einer Anzahl von Seelen erklären. Auf der anderen Seite gibt es das lebendige Prinzip (*jiva*), welches das wahre Selbst eines Menschen ausmacht. Dieses Prinzip, welches eine Entität ist, wahrlich ein „Noumenon", wird entweder *Purusa* („Mensch, Geist") oder *Atman* (etymologisch „Atem", wörtlich „Selbst") genannt (Reflexivpronomen und Nomen).

Der Purusa oder Atman ist ewig. Er hat zahlreiche Körper bewohnt und ist dazu bestimmt, auch weiterhin neue zu bewohnen. Aber sein natürliches Ziel ist es, einen ewigen und unwandelbaren Zustand zu erreichen. Frei von jeglichem geschaffenen oder gezeugten Körper wird er für sich selbst sein, entweder bewusst oder nicht-bewusst, entweder formlos oder in seine eigene Form gehüllt, je nach der bevorzugten Sichtweise der Philosophen. Es gab viele verschiedene Konzeptionen des Selbst.

Aber die Lösung, welche im Brahmanismus mit Abstand die beliebteste ist, besteht darin, das Selbst mit dem universellen Gott gleichzusetzen, den man im Begriff ist zu entdecken, d. i. Brahman.

Die Untersuchung bezüglich der Götter und des Universums hat gezeigt, dass der wahre Gott eine namenlose, universelle Kraft ist, das Selbst oder der Atem der Welt. Darum ist der Gott, der im Wind weht und in der Sonne scheint, dasselbe Prinzip, welches durch den menschlichen Mund atmet und seinen Körper warmhält.

Das universelle Selbst ist die wahre Natur des Menschen, ebenso wie es das Leben und die Essenz der Natur ist:

> „Es lenkt das Auge und das Ohr; es ist das Ohr des Ohrs, der Geist des Geistes, der Atem des Atems, die Rede der Rede, das Auge des Auges."

> „Dieser Atem (*atman*) ist der Wächter der Welt, der Herr der Welt: Er ist mein Selbst."

Eine solche Anerkennung wie „Ich bin dieses Wesen", „Ich bin Brahman" war ein kühner und entscheidender Schritt. Kurz gesagt war dies die größte Entdeckung, welche für die letzten 2500 Jahre die bedeutendste und am meisten gelobte Wahrheit des indischen Menschen darstellt. Es ist viel mehr als eine nur akademische Theorie.

Es gibt nur ein Selbst, denn das Selbst des Menschen ist nicht eine Schöpfung, eine Emanation oder ein Teil vom Selbst des Universums – es ist eben dieses Selbst.

> „Das einzigartige und unteilbare Selbst ist unsterblich, glücklich, undifferenziert, unbewusst; aber es belebt den Körper, er wird durch es zum Menschen. Als solches erfährt es Schmerz und Verlangen, es sammelt Verdienste und Schulden an, es wandert von Existenz zu Existenz, immer unglücklich, weil es stets aufs Neue dem Tod zum Opfer fällt – und ohne jegliche Hoffnung auf Befreiung, solange als es sich nicht von allem trennt, was nicht es selbst ist. Aber sobald das individuelle Selbst die vollkommene und unmittelbare Gewissheit erlangt hat, dass es das universelle Selbst ist, erfährt es nicht mehr länger Zweifel, Verlangen oder Leiden. Es agiert aber noch weiter, so wie das Rad des Töpfers sich noch weiterdreht, auch wenn es der Töpfer

> nicht mehr antreibt. Der Tod schließlich beseitigt, was für es nicht mehr existiert, die Erscheinung von Dualität."[16]

Das ist vollkommene Glückseligkeit – wie wir es zuweilen im traumlosen Schlaf erfahren, wenn das Selbst sich vom Nicht-Selbst gelöst hat – und Nicht-Bewusstsein, denn:

> „Wo es Dualität gibt, sieht der eine den anderen, riecht der eine den anderen, wendet sich der eine dem anderen zu, einer kann den anderen hören, einer kann an den anderen denken, einer kann nach dem anderen greifen. Aber wo sich alles in sein eigenes Selbst gewendet hat, wer sollte da wen sehen, riechen, sich zuwenden, hören, denken oder greifen?"[17]

Dass die Lehren der Seelenwanderung, des Selbst, der Verschmelzung des individuellen Selbst im großen Selbst im Widerspruch zum traditionellen Götterglauben standen, zu den Opfern, dem Paradies, und direkt auf die Zerstörung des gesamten dadurch bedingten gesellschaftlichen Daseins zielten, ist offenkundig. Die Zeiten waren bereit für das Aufkommen des Asketentums und der Erlösungslehren.

---

[16] A. Barth, *Religions of India*, S. 78.
[17] *Brhadaranyaka-Upanishad*, II. 4. 13. Vgl. IV. 3. 23.

## 2. *Die buddhistische Seele*

### 2.1 Buddhismus als eine Form des Rationalismus

Wir haben [in der vorherigen Vorlesung] eine allgemeine Bestimmung der indischen Erlösungslehren gegeben und versucht zu verdeutlichen, dass es sich um Wege handelt, welche ins Asketentum führen, jenseits des Ozeans der Wiedergeburten, in ein mysteriöses Irgendwo. Der Buddhismus war von Anfang an eine Religion, eine Religion im besten Sinne des Wortes. Das heißt, es gab von Anfang an Buddhisten, für die Buddha ein Gott war, und die auf nicht weniger hofften denn eine bessere Wiedergeburt im Himmel Buddhas. Jedoch hat diese buddhistische Religion wenig oder nichts zu tun mit den authentischsten Lehren von Sakyamuni. Der frühe Buddhismus ist im Wesentlichen eine Erlösungslehre – und als solche unterscheidet er sich in vielen Punkten von anderen Erlösungslehren.

Wenn wir die frühe buddhistische Erlösungslehre und den frühen Buddhismus als Ganzes mit einem Wort charakterisieren sollten, würden wir sagen, dass es sich um eine Form des Rationalismus handelt. Jede Vorstellung und jede Praxis, welche Sakyamuni verwendet, um seine Theorie und die Regeln des religiösen Lebens aufzubauen, wurden von jeglichem Anstrich des Mystizismus befreit.

Dabei lassen sich vier Aspekte unterscheiden:

1. Der auffälligste und am stärksten „buddhistische" Zug des buddhistischen Rationalismus ist die Definition, welche Sakyamuni und seine Schüler vom Menschen geben. Der Mensch muss von der Wiedergeburt erlöst werden – aber was bedeutet das Wort „Mensch" dabei? Viel hängt von der Antwort auf diese Frage ab, der wir uns später in diesem Vortrag zuwenden.

2. Was Wiedergeburt und die Faktoren, welche diese steuern, betrifft, glauben die Rivalen von Sakyamuni, dass Gott oder die Götter, das Schicksal oder Opfer von mehr oder weniger großer Be-

deutung sind. Sakyamuni hingegen lehrt, dass die Wiedergeburt von den Taten des Menschen selbst abhängt.[18]

3. Nun zum Ziel, das es zu erreichen gilt: die Erlösung. Für die Gegner von Sakyamuni ist Erlösung entweder das Verschmelzen des individuellen Selbst mit dem großen Selbst, oder irgendein mystischer Zustand des Selbst. Sakyamuni hingegen nimmt hinsichtlich der Erlösung einen rein negativen Blickwinkel ein: Die buddhistische Erlösung bzw. das Nirwana ist lediglich die Beendigung von Wiedergeburt und das Ende des Leidens.[19]

4. Was den Pfad angeht, welcher zur Erlösung führt, legen die Gegner von Sakyamuni viel Wert auf Opfer, Sühne, Ekstase und geheimes Wissen als Mittel zur Erlösung. Für Sakyamuni ist der wesentliche Anteil des Pfades das Verständnis einiger weniger simpler Wahrheiten: „Das Leben endet im Tod." – „Alles ist leidvoll."[20]

Wir sagen, dass der frühe Buddhismus rationalistisch war, durch und durch rationalistisch; aber dieser durchdringende Rationalismus war nicht absolut und konnte es auch nicht sein. Dieser Umstand muss berücksichtigt werden, selbst wenn der rationalistische Charakter des Buddhismus betont wird, damit wir die Fehler einiger Historiker vermeiden, welche die frühen Buddhisten entsprechend den Mustern der Agnostiker oder Materialisten von heute beschreiben.

Der Buddhismus entstand in einem heidnischen und mystischen Umfeld. Es stimmt, dass er erfolgreich darin war, den Kosmos und das Schicksal des Menschen ohne Rückgriff auf einen metaphysischen Täter zu beschreiben; dass er erfolgreich darin war, all die populären Glaubensvorstellungen – Glaube an Wiedergeburt, an Paradiese und Höllen, an magische Kräfte – und nahezu alle aske-

[18] Siehe Kapitel 3 und 4.

[19] Siehe Kapitel 5.

[20] Siehe Kapitel 6.

tischen Praktiken – Kasteiungen und Ekstasen – entsprechend seinen eigenen rationalistischen Ideen und Grundsätzen zu erklären. Jedoch wies er diese Vorstellungen nicht zurück, er bezweifelte nicht die Wirksamkeit dieser Praktiken: Diese Glaubensvorstellungen und Praktiken sind, in der Tat, ein wesentlicher Teil der buddhistischen Lehre.

Der Buddhismus – wir meinen den Buddhismus der Bücher und der gelehrten Mönche – ist daher ein Rationalismus, aber ein bedingter bzw. eingeschränkter, ein indischer Rationalismus.

Darüber hinaus ist dieser Rationalismus nicht immer in sich selbst stimmig. Es sollen einige Unstimmigkeiten genannt werden. Zum Beispiel war die Unterweisung des Meisters strikt bezüglich der Ansicht, dass Verdienst ausschließlich persönlich wirkt. Aber im alten Indien herrschte die Vorstellung, dass Verdienst zusammen mit seiner Belohnung etwas ist, was von einem Individuum auf ein anderes übertragen werden kann. Eine Lehre der Übertragung von Verdiensten lauerte in manchen buddhistischen Kreisen und fand ihren Ausdruck in zahlreichen Passagen der Schriften. Wir hören, dass die rechten Mittel, den Toten beizustehen, nicht Opfergaben sind, sondern Geschenke an die Lebenden zum Wohle der Verstorbenen; dass das rechte Mittel, den Gottheiten Verehrung zu erweisen, nicht darin besteht, zu ihnen zu beten, sondern sie in unsere frommen Tätigkeiten einzubeziehen. Später wurde diese Vorstellung der Übertragung von Verdiensten die führende Idee des Neo-Buddhismus (Mahayana) und entwickelte sich zu einer Lehre, welche in vielerlei Hinsicht mit der Lehre von der christlichen Gemeinschaft der Heiligen vergleichbar ist.

### 2.2 Buddhistische Psychologie

Die buddhistische Definition des Menschen kann in dem einen Wort *nairatmya* oder „Selbstlosigkeit" zusammengefasst werden, welches jedoch nicht, wie es häufig der Fall ist, mit „Seelenlosigkeit" zu übersetzen ist. Das Thema ist etwas schwierig, umso mehr noch, da wir nicht mit der gängigen Meinung der Gelehrten übereinstimmen, und wir können nicht umhin, diesen Punkt zu diskutieren.

Zwei Tatsachen sind wohl gesichert und unstrittig: (1) Sakyamuni erkennt die Existenz eines Selbst (*atman*), eines permanenten Individuums, nicht an. Er lehrt, dass das sogenannte Selbst ein Verbund von materiellen und geistigen Daten, genannt *skandha*, ist. (2) Nichtsdestotrotz lehrt er die Vergeltung der Taten in einem zukünftigen Leben. Darin liegt *prima facie* ein Widerspruch.

Die übliche Erklärung dieses Widerspruchs lautet wie folgt: Sakyamuni lehrt die Vernichtung im Tod und leugnet Wiedergeburt oder Seelenwanderung. Er glaubt jedoch, dass entsprechend der Stärke der Handlungen, ein neues Wesen geschaffen wird, welches die Taten des Verstorbenen erbt und seine Früchte genießt. Ein Mensch stirbt und ist für immer tot, aber seine guten und schlechten Taten überdauern und verursachen die Geburt eines weiteren Menschen.

Wir werden nach bestmöglichen Kräften zeigen, dass diese Erklärung keine Unterstützung durch die Texte erfährt und inakzeptabel ist. Und wir werden diejenige Lehre ausführen, welche eindeutig von den Buddhisten selbst verfolgt wird – wenn auch nicht, das muss zugegeben werden, von den frühesten. Es gibt kein Selbst, eine permanente und substantielle Einheit, aber es gibt eine Person, welche als „lebendiges, kontinuierliches, flüssiges Gebilde“ beschrieben wird, welches zwar nicht auch nur für zwei aufeinanderfolgende Momente identisch ist, aber welches für eine endlose Anzahl von Existenzen fortbesteht und eine endlose Zahl von Toden überbrückt, ohne dabei gänzlich von sich selbst verschieden zu sein.

## 2.3 Es gibt kein Selbst: Der Mensch ist ein Wagen

Die primitive Psychologie in Indien war, wie praktisch überall, animistisch.

Es gibt ein Prinzip des Lebens und der Wärme, welches den Körper antreibt, fühlen und begehren lässt. Dieses Prinzip, auch wenn es oft mit dem Atem (*prana*) identifiziert wird, ist keine geistige Entität. Vielmehr handelt es sich um eine halb-materielle Seele oder einen unmerklichen Körper – einen „feinstofflichen Körper" (*suksma sarira*), wie ihn die Inder nennen – ein Double, welches während des Lebens den grobstofflichen Körper verlassen kann, seine fleischliche Wohnstatt, wenn es zum Beispiel in Träumen weite Reisen unternimmt; und welches im Tod schließlich durch eine Öffnung am Scheitel des Kopfes den Körper verlässt, nur um anderswo wiedergeboren zu werden.

Die Brahmanen begannen, von diesen animistischen Ansichten ausgehend, eine metaphysische Psychologie zu entwickeln, welche sich grundsätzlich von den westlichen Theorien unterscheidet. Es darf nie außer Acht gelassen werden, dass der Philosoph in Indien den Stoff für seine Lehren nicht durch eine direkte und wissenschaftliche Beobachtung aus der Natur erhalten hat, sondern aus den kruden Spekulationen der populären oder rituellen Tradition. Ein strenger und wahrhaft philosophischer Gedanke kam in Kontakt nicht mit realen und anerkannten Fakten, sondern mit wilden Spekulationen. Das Ergebnis hiervon ist häufig etwas verwirrend.

Das leitende Prinzip der Philosophen war, dass, wenn etwas vergänglich ist, es nicht das Selbst sein kann. Darum wurden von ihnen zwei Bestandteile unterschieden. Der erste ist der feinstoffliche Körper des alten „animistischen" Glaubens: Feinstoffliche Elemente, feinstoffliche Erde, Wasser, Wind und Feuer bilden feinstoffliche Organe der Sinneswahrnehmung, von denen eines der Geist ist. Der zweite Bestandteil ist ein immerwährendes und geistiges Prinzip, das im feinstofflichen Körper, der halbmateriellen Seele, eingehüllte Selbst.

Bezüglich der Natur des Selbst waren die Brahmanen anderer Meinung. Zwei Schulrichtungen sind hier vorrangig, nämlich Samkhya und Vedanta.

Gemäß dem Samkhya gibt es viele Selbste, genannt *purusa*; ein Begriff, der „Mensch" bedeutet. Sie sind ewig, unveränderlich und passiv, erschaffen nichts und handeln nicht; sie sind vom feinstofflichen Körper umwickelt; sie erhellen das Wirken der Sinne und des Geistes; sie erfahren Freude und Abneigung; sie wandern von Existenz zu Existenz „bis zu dem Tag, an dem sie, vollständig gesättigt und sich selbst als verschieden von der Materie erkennend, die Partnerschaft mit dieser aufgeben und zu ihrer ursprünglichen Freiheit und Unbewusstheit zurückkehren."[21] Das Selbst hat dann nichts mehr, dass es zu erhellen hätte.

Für die zweite Schulrichtung, den Vedanta, gibt es nur ein Selbst, das große, einzigartige und unveränderliche Selbst, für das Brahman eine andere Bezeichnung ist. Dieses einzigartige Selbst wird multipel in seiner Erscheinung, entsprechend der Unterschiedlichkeit der Materialien, in welche es eingewickelt ist. Diese Umhüllungen – ebenso wie der gesamte Kosmos – sind die Schöpfung, die „Magie" des Selbst; jedoch weiß es nicht darum. Wenn es dies erkennt, kommen die Illusionen zu einem Ende, und das Selbst ist von Individualität und Schmerz befreit.

In beiden Systemen ist das Selbst, wie die Philosophen sagen, über das psychische Leben hinausreichend. Für den Samkhya ist das Selbst nur ein Licht, welches das Spiel der Sinne und des Geistes erleuchtet, welche stofflich und für sich ohne Bewusstsein sind. Für den Vedanta ist das Selbst nur ein Magier, der sich für die unfreiwillig von ihm erschaffene magische Vorführung interessiert. Für Samkhya und Vedanta ist *ideation* [„Generierung durch

[21] Barth, *Religions of India*, S. 70.

Vorstellung"] äußerlicher als das Selbst. Die Frage ist, ob es nicht möglich ist, sich von einem solchen Selbst zu lösen. Sakyamuni beantwortet diese Frage bejahend.

Die buddhistische Psychologie vermeidet es, in scharfem Gegensatz zur brahmanischen Psychologie – und man kann wohl sagen: im Gegensatz zu fast allen Psychologien –, irgendwelche metaphysischen Spekulationen anzustellen. Sie ist auf Fakten errichtet; auf Fakten, welche in der damaligen Zeit wissenschaftlich bestätigt zu sein schienen. Und es ist eine Überraschung, dass mit Ausnahme eines Punktes – der Seelenwanderung – die von den gelbgewandeten Mönchen zusammengebraute Lehre von einst sich in enger Übereinstimmung mit einer der modernen Theorien bezüglich der Seele sieht, der Lehre von Hume oder Taine und vieler anderer Wissenschaftler.[22]
Gemäß den Buddhisten tritt kein Selbst, d. h. keine Einheit, permanentes Fühlen oder denkende Entität ins Feld der Untersuchung. Wir kennen lediglich den Körper, der ein sichtbares Gebilde ist, ein wachsendes und verfallendes Objekt, und eine Anzahl von Phänomenen, Empfindungen, Vorstellungen, Wünsche oder Willensakte, Erkenntnis – oder, in philosophischer Sprache, eine bestimmte Anzahl von Bewusstseinszuständen. Dass diese Bewusstseinszustände von einem Selbst abhängen, das Erzeugnis eines Selbst sind oder in einem Selbst entstehen, ist nur eine Vermutung, da es kein Bewusstsein eines Selbst außerhalb dieser Zustände des Bewusstseins gibt. Und es ist eine falsche Vermutung, da es keine Verbindung zwischen „Sein" (*being*) und „Werden" (*becoming*) geben kann:

> „Vorstellungen gibt es, aber keinen Vorstellenden."

[22] [Hippolyte Taine, 1828-1893, Philosoph, Gelehrter, Historiker. Vertrat eine positivistisch-deterministische Auffassung des Menschen.]

Tatsächlich sind wir uns des Ursprungs der Vorstellungen wohl bewusst, des Ursprungs all dieser Zustände des Bewusstseins.
Da ist ein Organismus, ein psycho-physischer Organismus. Auf der einen Seite der grobstoffliche Körper mit den fünf Sinnesorganen, Augen und so weiter. Auf der anderen Seite der feinstoffliche Körper, d. h. die fünf wahren Organe, das feinstoffliche Auge und so weiter, und das intellektuelle Organ, der Geist: ein Organ aus feinstofflicher Materie wie das Sehorgan, welches Gedanken so erfährt wie das organische Auge die Farben.
Dann gibt es externe Objekte, welche in Kontakt mit diesem Organismus kommen. So entsteht Bewusstsein:[23]

> „Die Farbe Blau vorhanden, das Sehorgan des Auges ebenfalls vorhanden, kommt es zum Kontakt, der ein visuelles Wissen hervorbringt, nämlich das Bild der Farbe Blau."

Dieses Bild wird sofort vom Geist weiter ausgearbeitet, der ein intellektuelles bzw. mentales Wissen erzeugt und dem Objekt einen Namen gibt:

> „Das ist Blau."

Nun folgt eine Empfindung, angenehm oder unangenehm, welche zu Verlangen oder Abneigung führt, welche wiederum einen Willensakt erzeugt, eine Handlung. Buddha soll gesagt haben:

> „Tat gibt es, aber keinen Täter."

Eine sehr kühne Behauptung, aber auch eine sehr logische. Denn was die Häretiker, d. h. die Brahmanen, ein Selbst nennen, ist kein Individuum, sondern ein Komplex von Elementen, von denen manche stofflich (*rupa*) sind und grob – der sichtbare Körper –, manche stofflich und fein – die sogenannten Organe im eigentli-

---

[23] Siehe *Saṃyutta-Nikaya*, II. S. 72; *Majjhima-Nikaya*, I. 111; *Milindapanha*, S. 56 und andernorts.

chen Sinne – und manche immateriell (*arupin*), die Zustände des Bewusstseins, Empfindungen, Benennungen, Wollen, Erkennen. Der Mensch ist aus diesen Elementen (*skandha*) gebildet;[24] er ist eine Zusammensetzung; und keine Zusammensetzung kann ein Individuum sein, ein Seiendes.

Diese Position, die Nicht-Anerkennung einer Entität – einer Seele –, „welche dem, was wir ein Individuum nennen, Einheit und Beständigkeit verleiht", wird durch komplizierte Spekulationen gerechtfertigt, sowohl im Osten bei den Buddhisten, wie auch im Westen bei unseren modernen Psychologen. Aber es ist an und für sich doch recht einfach und wurde jedermann durch Gleichnisse verständlich gemacht.

Das bekannteste Gleichnis ist das vom Wagen; wir finden Bezugnahme darauf in den ältesten Dokumenten (*Samyutta-Nikaya*), und es wird ausführlich in den „Fragen an König Milinda" (*Milindapanha*) dargelegt, einer Sammlung von Dialogen zwischen dem buddhistischen Weisen Nagasena und dem König Menander, einem der Nachfolger von Alexander dem Großen im Fernen Osten, Souverän von Nordwest-Indien im zweiten Jahrhundert v. Chr. Es gibt einige Gründe für die Vermutung, dass dieses *enfant perdu* des Hellenismus zum Buddhismus bekehrt wurde, und seine Konvertierung beginnt wie folgt:

> Milinda fragt: Wie ist dein Name?
> „Ich bin bekannt als Nagasena. Aber Nagasena ist nur ein Wort, eine Bezeichnung, eine Kennzeichnung, bloß ein Name, nur leerer Klang – denn ein Individuum [namens Nagasena] existiert nicht."
> „Aber", sagte Milinda, „wenn das Individuum nicht existiert, wer ist es dann, der Euch Mönche mit Roben, Essen und so weiter versorgt? Wer ist es dann, der die Vorschrif-

[24] Für technische Definitionen siehe *Abhidharmakosa* III und Mrs. Rhys Davids, *Psychology*, 1914, S. 40 ff.

ten des Buddha einhält? Wer ist es, der die Vorschriften übertritt und Sünden begeht? Wenn es kein Individuum gibt, gibt es keinen Verdienst und keinen Mangel. Auch ist, wer einen Mönch tötet, kein Mörder, noch könnt Ihr Mönche einen Lehrer oder Abt haben. Sagt mir, sind nicht Eure Nägel, Eure Zähne, Eure Haut und Euer Fleisch Nagasena? Sind nicht Euer Körper, Eure Gefühle, Vorstellungen, Willensakte und Bewusstseinsvorgänge Nagasena?"
Nagasena verneint und Milinda schlussfolgert: „Ihr sprecht falsch, eine Lüge." Denn wenn jemand von Nagasena spricht, sieht er den Körper von Nagasena: „Nagasena ist dick oder groß." Und er sieht den Geist von Nagasena: „Nagasena ist weise, Nagasena strebt nach dem Nirwana."
Milinda wird nun seinerseits von Nagasena befragt: „Ihr seid von edler Geburt, Prinz, und wenn Ihr am Tag über heißen sandigen Grund geht, ist es sehr schlecht für Eure Füße, Euren Körper und Euren Geist. Ich frage Euch, seid ihr zu Fuß gekommen oder mit einem Wagen?" – „Ich bin in einem Wagen gekommen." – „Wenn Ihr also in einem Wagen gekommen seid, könnt Ihr mir doch erklären, was ein Wagen ist. Ist die Achse der Wagen?"
Milinda räumt ein, dass weder die Achse, noch die Deichsel, noch die Räder, der Rahmen oder irgendein anderer Teil des Wagens der Wagen sind, und Nagasena schlussfolgert: „Ihr sagt, Ihr seid in einem Wagen gekommen. Ihr sprecht falsch, eine Lüge – es gibt keinen Wagen."[25]

Denn, wie es an anderer Stelle heißt:

[25] *Milindapanha*, S. 25; Rhys Davids, I (S. B. E. XXXV), S. 40; Warren, *Buddhism in translations*, S. 129; E. J. Thomas, *Buddhist Scriptures* (Wisdom of the East Series), S. 118.

> So wie das Wort „Wagen“ nur eine Ausdrucksweise für Achsen, Räder und andere mitwirkende Anteile darstellt, welche in einem bestimmten Verhältnis zueinander stehen. Aber, wenn wir die Bestandteile einzeln jedes für sich analysieren, finden wir, dass es im absoluten Sinne keinen Wagen gibt; so wie die Wörter „Haus“, „Faust“, „Flöte“, „Armee“, „Stadt“, „Baum“ und dergleichen nur Ausdrucksweisen für eine Sammlung bestimmter, in gewisser Weise arrangierter Komponenten sind. In exakt derselben Weise sind die Begriffe „Lebewesen“ und „Selbst“ nur Ausdrucksweisen für einen Komplex körperlicher und nicht-körperlicher Bestandteile.[26]

Das Problem des Ganzen und seiner Teile (*avayava, avayavin*) war in Indien das Thema langer und verworrener Diskussionen. Die Buddhisten behaupten, dass das Ganze nur eine Verstandessache (*être de raison*) sei; ihre Gegner sind jedoch ebenso gewitzt wie sie. Dass es sich dabei um ein echtes Problem handelt und nicht nur um Wortklauberei, wird durch folgende Bemerkung deutlich, welche Nagasenas Gedanken zusammenfasst:

> „Wenn man eine Entität hinter dem individuellen Menschen annimmt, muss man sie auch hinter jedem anderen individuellen Ding annehmen, wie z. B. einem Wagen. Buddhisten verwerfen beide Entitäten, und Platon akzeptiert logischerweise beide, wenn er in einem Bett die Existenz einer Form erkennt, welche die zahlreichen Einzeldinge einschließt, auf die wir uns mit demselben Namen beziehen.“[27]

Es mag einen jedoch dazu drängen, unter den Bestandteilen des Selbst einen Bestandteil anzunehmen, welcher sehr wahrscheinlich das eigentliche Selbst ist: der Geist oder das Denken bzw. das

---

[26] *Visuddhimagga*, Warren, S. 133.
[27] E. J. Thomas, *Buddhist Scriptures*, S. 119.

Bewusstsein, das Etwas, welches sich selbst entäußert und die Erinnerung seiner Gefühle und Äußerungen aufbewahrt.
Sakyamuni war sich dieses Einwands wohl bewusst, und er weist ihn verächtlich zurück.[28]

> Die Menschen im Allgemeinen, sogar die Nicht-Buddhisten, räumen bereitwillig ein, dass dieser Körper, zusammengesetzt aus den vier Elementen Erde, Wasser, Feuer und Luft, nicht das Selbst ist. Sie geben leicht ihre Leidenschaft für diesen Körper auf: das Wachsen und Dahinwelken des Körpers sind offensichtlich genug. „Aber dasjenige, ihr Mönche, welches Geist genannt wird, Denken oder Bewusstsein, hierin erkennen die Nicht-Buddhisten ihr eigenes Selbst, und hierfür sind sie unfähig, ihre Leidenschaften aufzugeben. Warum sage ich das? Weil seit anfangsloser Zeit, vom Beginn der Seelenwanderung, welche ohne Beginn ist, die Nicht-Buddhisten sich an dieser Ansicht erfreut und sie gelobt haben: ‚Das ist meins, dies bin ich, dies ist mein Selbst.' Aber es ist weniger närrisch, den aus den vier Elementen zusammengesetzten Körper als das Selbst anzusehen denn den Geist. Warum sage ich das? Weil es offensichtlich ist, o Mönche, dass dieser Körper ein Jahr, zwei Jahre, drei, vier, fünf, zehn, zwanzig, dreißig, vierzig, fünfzig Jahre fortdauert, vielleicht sogar hundert Jahre oder mehr. Aber das, o Mönche, welches Geist genannt wird, Denken oder Bewusstsein, ist kontinuierlich, tag und nacht, eine Sache, welche verschwindet und neu entsteht."

Die Schlussfolgerung, welche sich daraus aufdrängt, wird eindringlich von Rhys Davids geschildert:[29]

---

[28] *Samyutta-Nikaya*, II, S. 94.
[29] *Dialogues of the Buddha*, I, S. 189.

Sakyamuni anerkannte die Wirklichkeit der emotionalen und intellektuellen Dispositionen, aber er verweigerte sich gänzlich, sie als eine Einheit zu betrachten. Diese Haltung ist so absolut, so oft wiederholt und so fundamental für ein korrektes Verständnis des frühen Buddhismus, dass es entscheidend ist, sich darüber nicht zu täuschen. Zugleich ist diese Haltung so originell, dem, was gemeinhin unter religiösem Glauben verstanden wird, so fundamental entgegengesetzt, in Indien wie anderswo, dass es eine große Versuchung ist, ein Schlupfloch zu finden, hinter dem sich zumindest ein verdeckter oder geheimer Glaube an eine Seele findet, damit in der Zukunft diese Lehre als Teil der bestehenden religiösen Systeme anerkannt werden kann. Aber es gibt kein Schlupfloch, und die Bemühungen, eines zu finden, sind stets auf den unerschütterlichen Widerstand sowohl der Schriften selbst wie der andern kanonischen Texte gestoßen.

### 2.4 Die Belohnung für das Handeln erfolgt in einem zukünftigen Leben

Müssen wir dieser Schlussfolgerung zustimmen?

Wenn der Mensch wie ein Wagen ist, wenn es keine Seele gibt, dann gibt es keinen freien Willen, keine Verantwortlichkeit, keine Sünde, keinen Verdienst, kein zukünftiges Leben, keine Vergeltung der Taten in einem zukünftigen Leben. Die Ausführungen von Menander treffen zu. Aber es ist eine festgestellte Tatsache, dass der Buddhismus von Anfang an einen hartnäckigen Kampf gegen Materialisten bzw. Ungläubige führte, die Nastikas, d. h. die Philosophen, welche die Ansicht vertraten: „Es ist nicht." Diese Materialisten verneinten die Vergeltung guter Taten und die Bestrafung für schlechte Taten in einem zukünftigen Leben.

Wir werden sehen, dass diese Ungläubigen zur Zeit von Sakyamuni zahlreich waren – eine Epoche der philosophischen

Analyse – und dass Sakyamuni, der in der Regel als ein Leugner der Seele beschrieben wird, zutreffender als ein strenger Vertreter der Verantwortlichkeit und des zukünftigen Lebens geschildert werden müsste. Er sagte:

> „Zu sagen, dass der Mensch, wenn sich sein Körper auflöst, endet, verschwindet, nicht mehr länger besteht, ist Ketzerei, falscher Glaube, Dickicht des Irrtums, Wildnis der Irrung.“

Es ist mehr als irgendeine Ketzerei; es ist Ketzerei schlechthin; es ist, was formal „falsche Sicht“ (*mithyadrsti*) genannt wird, die gefährlichste und bösartigste unter allen menschlichen Sünden, da sie jegliche Moral zerstört und den Ungläubigen in die Hölle stürzt:[30]

> „Ihr sagt, dass es kein zukünftiges Leben gibt. Nun gut! Die Vollstrecker des Yama, dem König und Richter über die Toten, werden deine Meinung zu diesem Thema bald ändern.“

So viel bezüglich dogmatischer Beweise.

Auf der anderen Seite gibt es unzählige Texte, welche eine Vergeltung der Taten sowie den personalen Charakter dieser Vergeltung bestätigen. Es gibt Hunderte von (Wieder)Geburts-Geschichten (*Jataka*), legendenhafte und moralische Erzählungen, Geschichten aus längst vergangener Zeit: Alle enden mit den gleichen stereotypen Sätzen wie der sogenannten Identifikation der Charaktere:

---

[30] An ein Selbst zu glauben ist Ketzerei (*drsti*), sogenannte *sasvata-* oder *satkaya-drsti*; aber es ist keine Sünde. Ketzerei verhindert die Erlangung von Heiligkeit und Nirwana, aber sie verhindert nicht den Erwerb von Verdienst. Ein Anhänger des Glaubens an ein Selbst kann eine Wiedergeburt als Gott oder sogar als Brahma erlangen. Im Gegensatz dazu ist die Leugnung der Vergeltung der Taten in einem zukünftigen Leben eine Sünde, so wie Mord, Diebstahl usw.

„Was meint ihr, o Mönche? Ich (der Buddha) war damals der kluge weiße Elefant, und Devadatta war der bösartige Jäger."

Und an anderer Stelle:

„Ananda – mein geliebter Schüler – hat dieses getan. Wer anders als Ananda sollte sich der Früchte dieser Tat erfreuen?"

Aber die leidenschaftlichste Bestätigung für die persönliche Vergeltung der Taten findet sich vielleicht in dem schönen Text *Devaduta-Sutta*, welcher von der Begegnung eines Sünders mit Yama berichtet:[31]

„Hast du, o Mensch, wenn du ins Alter gekommen bist, an Folgendes gedacht? ‚Ich bin dem Tod unterworfen; nun dann! Ich will Gutes tun in Gedanken, Worten und Werken.' Diese deine üblen Taten hat nicht deine Mutter verübt, nicht dein Vater und nicht dein Bruder, sie sind nicht von deinen Freunden und Begleitern verübt worden, auch nicht von deinen Bekannten und Verwandten, nicht von Asketen, Brahmanen oder Göttern. Es bist du allein, der diese üblen Taten begangen hat; und du allein wirst ihre Früchte ernten."

## 2.5 Wiedergeburt des karmischen Charakters, aber nicht der Seele

Hier haben wir ein Rätsel. Einen schamlosen Widerspruch. Auf der einen Seite haben wir die von uns zitierten Texte und eine große Menge von weiteren Texten mit derselben Aussage – hinsichtlich der zusammengesetzten Natur des Menschen; bezüglich des Wagen-gleichen Charakters des Menschen; über die Entstehung von Bewusstsein, einen reinen Sensualismus –, welche uns

[31] *Anguttara-Nikaya*, I, S. 139 (Warren, *Buddhism in Translations*).

die Schlussfolgerung aufdrängen, dass es kein Selbst gibt. Auf der anderen Seite können wir nicht für einen Moment daran zweifeln, dass die Taten in einem zukünftigen Leben ihre Vergeltung erfahren. Der weiter oben zitierte Text, der die Veränderlichkeit und Nicht-Substantialität dessen, „was Geist, Denken, Bewusstsein genannt wird“, betont, erklärt, dass der Mensch seinen Geist, sein Denken, sein Bewusstsein als ein Selbst ansieht, weil er von Anbeginn der Zeit an sich daran gewöhnt hat, sich für seinen Geist, sein Denken und sein Bewusstsein zu begeistern.

Dieser Widerspruch hat lange Zeit den Scharfsinn der Gelehrten herausgefordert, aber er wurde schließlich durch eine Theorie geklärt, welche weithin Anerkennung gefunden hat. Diese Theorie wird von H. C. Warren in dem lapidaren Satz zusammengefasst: „Wiedergeburt, nicht Seelenwanderung.“[32] (*Rebirth, not Transmigration.*)

Es gibt keine Wanderung (*samkrama, samkranti*), keinen Übergang eines Individuums von diesem Leben zu einem nächsten. Wenn ein Mensch stirbt, löst sich der physische Organismus, welcher die *conditio sine qua non* des psychischen Lebens ist, auf, und das geistige Leben kommt zu einem Ende. Bewusstsein ist nur „eine pulsierende Abfolge von geistigen Impulsen, die mit einem lebendigen Organismus verbunden sind, welche sich in einer kurzen Lebensspanne Ausdruck verleihen.“[33]

Aber auf der anderen Seite gibt es keine Wanderung, kein zukünftiges Leben für eine Seele, es gibt Wiedergeburt infolge der Wirkkräfte der Handlungen, welche der nun tote Mensch begangen hat und welche unvermeidlich Früchte tragen.[34] Diese Kraft schafft

---

[32] *Buddhism in Translations*, S. 234.

[33] Mrs Rhys Davids, *Buddhist Psychology* (Quest Series, 1914), S. 16.

[34] Mrs Rhys Davids gibt in *Buddhist Psychology*, S. 25, ein gutes Gleichnis: „So wie ein Mann, der ermordet wird und mit letzten Kräften am Telefon um Hilfe ruft, anderswo mit seinen letzten Worten eine ganze Reihe von Handlungen auslöst.“

ein „vollständig“ neues Wesen, welches die Taten des Verstorbenen erbt. Dieses Wesen kann ein Gott, ein Mensch, ein Geist, ein Tier oder ein Höllenbewohner sein, je nach der Beschaffenheit der Taten, welche er geerbt hat. A. Barth sagt, „der tote Buddhist ersteht nicht wieder auf, aber ein anderer steht an seiner Stelle auf“. Oder, wie es Rhys Davids sagen würde, es gibt keine Wanderung der Seele, aber es gibt einen Übergang des Charakters. Ein guter Mensch stirbt und er ist für immer tot; aber sein Gutsein verschwindet nicht und veranlasst die Geburt eines anderen guten und glücklichen Menschen.[35]

Eine Konsequenz, die sich daraus ergibt, ist jedoch die, dass, wenn wir Verdienst ansammeln, dies nicht unserem eigenen Wohlergehen dient, um also nach dem Tod glücklich zu sein, sondern dem Wohl der Erben unserer Taten. Auf dieselbe Weise, wie ein Geizkragen Reichtümer zum Wohlergehen eines entfernten Verwandten anhäuft. Wenn aber wiederum ein Buddhist die Schulung durchläuft, welche zum Nirwana führt – d. h. die Schulung, infolge derer kein neues Wesen mehr an seiner statt geboren wird – dann geschieht dies, um die Anzahl der lebenden und leidenden Wesen um eins zu verringern.

Solch eine Konsequenz ist unvermeidlich. Mit der Ausnahme von A. Barth wird sie mehr oder weniger widerstrebend von den Geschichtsschreibern des Buddhismus anerkannt.

### 2.6 Die Buddhisten erkennen eine Art von Seele an

Dieses Rätsel bzw. dieser Widerspruch wurde von den Buddhisten selbst erklärt. Zu Beginn hielten sie streng an beiden Enden der Kette fest – es gibt kein Selbst, es gibt Wiedergeburt –, ohne sich zu sehr mit einer weiteren Erklärung abzumühen. Aber sie entdeckten die Erklärung bald, als sie die beiden prominentesten Vorstellungen aus der ältesten buddhistischen Tradition miteinander

[35] Der einzige Text, welcher direkt die Vorstellung vom Übergang des Karma zu unterstützen scheint, ist *Abhidharmakosa*, III, S. 24.

kombinierten, die Vorstellung der „Verursachung“ und die Vorstellung der „Vergänglichkeit“ (Augenblicklichkeit). Diese Ideen werden in der Vorstellung der „Kontinuität“ miteinander verschmolzen.

Es ist wahr, dass es ohne Handeln keine Wiedergeburt gäbe. Es ist wahr, dass der Mensch, welcher neugeboren wird, der Erbe der Taten des Verstorbenen ist. Es ist wahr, dass der Mensch, der neugeboren wird, ein neues Wesen ist, und dass es deshalb keine Seelenwanderung, keine permanente Identität (*sasvata*) gibt: Die Texte, die kanonischen wie ihre gelehrten Kommentare, sind in dieser Hinsicht eindeutig. Aber die Buddhisten haben von Beginn an noch ergänzt, dass es keine Auslöschung gibt, kein Abschneiden (*uccheda*), denn – wie es schnell behauptet wurde – wenn auch das Wesen, welches neugeboren wird, nicht identisch mit dem alten ist, so ist es auf der anderen Seite auch nicht verschieden von ihm.

Das scheint eine eigenartige Aussage, aber den Worten eines Brahmanen zufolge, der diese komplizierte Aussage seiner Frau erklärt, gilt: „Wir sollten uns durch diese Behauptung nicht verwirren lassen, tatsächlich ist sie sehr leicht verständlich.“ Jedenfalls ist sie sehr buddhistisch.

Das Problem der Nicht-Identität des neuen Wesens mit dem vorhergehenden ist nur ein Spezialfall einer allgemeingültigen Gesetzmäßigkeit.

Existenz bedeutet Transformation (*anyathabhava*). Was ein (Lebe)Wesen genannt wird, ist ein Komplex verschiedener Konstituenten, ein Wagen: Das ist der statische Punkt der Betrachtung. Aber ein Wesen ist ebenso eine Abfolge (*samtana*) von aufeinanderfolgenden Zuständen, welche in Abhängigkeit voneinander entstehen; ein Wesen ist wie eine Pflanze oder ein Feuer. Diese Sichtweise, welche man die dynamische nennen könnte, wird in

den Schriften aufgespürt und in den scholastischen Kommentaren verstärkt vertreten.
Wenn Milch zu Quark gerinnt, ist die Nicht-Identität, die Nicht-Beständigkeit (*sasvata*) offensichtlich: Quark ist nicht Milch. Aber, und das ist ebenso eine Tatsache: Es dabei keine „Unterbrechung“ (*uccheda*), denn es gab einen ununterbrochenen und graduellen Wandel der Milch, lange bevor sie Quark war, selbst als sie noch dieselbe Milch zu sein schien.[36]
Auf dieselbe Weise ist der Mensch ein lebendiger Komplex, welcher nicht auch nur für zwei aufeinanderfolgende Momente derselbe bleibt, aber dennoch eine endlose Anzahl von Existenzen fortdauert, ohne dass er dabei gänzlich von sich selbst verschieden wäre.[37]
Wenn wir einen Menschen in zwei aufeinanderfolgenden Momenten seines Lebens betrachten, können wir gewiss sagen, dass er nicht derselbe ist; aber ist es nicht ebenso offensichtlich, dass er kein anderer ist?

> Der „Mörder“, den die Henker zum Schafott führen, ist kein „Mörder“, denn er ist nicht derselbe Mensch wie derjenige, welcher den Mord begangen hat. Aber er verdient dennoch Bestrafung, denn man kann ebenfalls nicht sagen, dass er ein anderer Mensch als der Mörder wäre, er ist die „Fortsetzung“ des Mörders. Die junge Frau ist nicht das kleine Mädchen; aber dennoch gehört sie zu dem Mann, mit dem sie als Kind verheiratet wurde und der die Mitgift bezahlt hat. Der Vater der jungen Frau hat nicht das Recht, sie einem neuen Ehemann für eine neue Mitgift zu versprechen,

[36] Warren, *Buddhism in Translations*, S. 237.
[37] *Mahaniddesa*, S. 117; *Visuddhimagga* VIII (Warren, S. 150).

denn die junge Frau ist die Fortsetzung des kleinen Mädchens.[38]

Auf die gleiche Weise ist das Wesen, welches die Früchte der Taten des Verstorbenen erbt, die Fortsetzung des Toten.
Hier ein gutes Gleichnis dazu.[39]
Stellen wir uns einen Dschungel vor, umgeben von einem Fluss, und ein Feuer, welches im Dschungel brennt. Tatsache ist, dass wir kein Recht haben, vom Feuer als einer Einheit zu sprechen. Es gibt da nur eine Abfolge von Flammen; jede von ihnen währt nur für einen Moment und stirbt gemeinsam mit dem Brennstoff, welchen sie an dem Ort und in dem Moment verzehrt, an und in dem sie geboren wird. Aber diese Flammen werden aufeinanderfolgend geboren und hängen strengstens eine von der anderen ab, auch wenn der Brennstoff, den sie verzehren, sich über einen weiten Raum erstreckt. Dieses Feuer, welches einen von einem Fluss umgebenen Dschungel verbrennt, versorgt uns mit einem genauen Bild des Lebens eines Menschen während seines Daseins. Das psycho-physische Leben hängt nicht von einem Lebensprinzip (*jiva*) oder Selbst ab; es fehlt ihm sowohl Substanz wie Einheit; es ist nur eine Abfolge von aufeinanderfolgenden, voneinander abhängigen physischen und geistigen Zuständen, von denen jeder nur einen Moment dauert.
Stellen wir uns nun vor, dass infolge des starken Windes das Feuer über den Fluss in einen weiteren Dschungel übertritt, in dem Moment, in dem das erste Feuer an der Sandbank des Flusses erstirbt. Man kann nicht sagen, dass das Feuer den Fluss überquert hätte. Man kann aber auch nicht sagen, dass das Feuer im neuen Dschungel nicht auch eben jenes Feuer wäre, welches den ersten Dschungel niedergebrannt hat: In einem absoluten Sinne gibt es

[38] *Milindapanha*, S. 46 ff.; Warren, S. 236; E. J. Thomas, *Buddhist Scriptures*, S. 123
[39] Der erste Teil entstammt *Abhidharma*-Quellen.

weder ein Feuer noch zwei Feuer; ein Feuer existiert nicht unabhängig von den Flammen. Im absoluten Sinne sind wir mit einer Aufeinanderfolge von Flammen beschäftigt, und es ist offensichtlich, dass diese Abfolge nicht durch den Fluss unterbrochen wurde (*ucchinna*), in der gleichen Weise, wie sie nicht unterbrochen wurde, als das Feuer sich im Dschungel selbst entwickelt hat. Tatsache ist, dass ohne den Wind diese Abfolge an der Sandbank des Flusses unterbrochen worden wäre. Aber infolge der Kraft des Windes wurde eine Anzahl von Flammen hervorgerufen, welche eine Brücke zwischen den beiden Ufern des Flusses ergeben haben.

Dieses Gleichnis gibt uns eine Vorstellung davon, wie eine lebendige Serie sich über zwei verschiedene Existenzen erstreckt. Aufgrund der Stärke des Windes der Handlungen erzeugt oder vielmehr inauguriert der letzte Bewusstseinszustand einer Existenz – das ist das Bewusstsein des Sterbenden, das Todes-Bewusstsein (*maranantika-vijnana*) – eine kurze Serie von Zuständen des Bewusstseins, von denen das letzte seine Wohnstätte in einem Mutterboden nimmt (*pratisamdhivijnana*).

Auf diese Weise haben die buddhistischen Scholastiker das Rätsel gelöst und eine der klarsten Aussagen von Sakyamuni verstanden:

> „Wenn das Bewusstsein nicht in einen Mutterschoß hinabsteigen würde, würde das neue Wesen, würden Körper und Geist nicht erstehen.“

Wie also ist die buddhistische Lehre der „Selbstlosigkeit“ zu verstehen? Ist damit gemeint, dass es keine Seele gibt und kein zukünftiges Leben der Seele? Bestimmt, wenn wir dabei eine metaphysische Entität im Blick haben, eine Seele, welche zuweilen durch die Sinne hindurchblickt, mit so und so vielen Fenstern, manchmal mit sich selbst beschäftigt, manchmal schlafend. Eine Seele, welche, ohne selbst dem Wandel unterworfen zu sein, dazu neigt, einen anderen Körper zu ergreifen, wenn sich der momentane auflöst. Die Buddhisten erkennen eine solche Art der Seele nicht an, denn ihrer Ansicht nach müsste sie der Herr der Wahrnehmungen und Empfindungen sein (*Vinaya Texts*, I, S. 100 folgend). Statt dessen finden sie einen lebendigen Komplex, einen kontinuierlichen, flüssigen, körperlichen und geistigen Komplex, eine Person, welche in der Tat fast alle Anzeichen einer Seele aufweist, so wie wir das Wort verstehen: Sie setzt sich über viele Existenzen fort und verzehrt die Früchte ihres Handelns; sie kontrolliert sich selbst; sie unternimmt Anstrengungen, um einen besseren Zustand zu erreichen; sie kann, wenn sie durch entsprechende Anstrengungen verfeinert wurde, ihre körperlichen Anteile aufgeben und jahrhundertelang als reiner Geist in verschiedenen körperlosen Himmeln leben.

Aber diese Person ist keine Substanz und ist daher fähig zur Auflösung. Diese Auflösung ist „Befreiung“ oder Nirwana: Die Abfolge der Zustände des Bewusstseins wird im Tod unterbrochen, wenn Verlangen und Handeln vernichtet worden sind; so wie das Feuer auf dieser Seite des Flusses nicht auf die andere Seite übergreift, wenn es keinen Wind gibt.

## *3. Die buddhistische Definition von Karma*

### 3.1 Einführung

Die buddhistische „Seele“ ist eine Abfolge von psycho-physischen Zuständen, welche endet, wenn der physische Organismus sich auflöst, außer der Kraft der Handlungen, welche in einem zukünftigen Leben von einem neuen psycho-physischen Apparat genossen werden, einer Fortsetzung des ersten.

Handlung, auf Sanskrit *Karman*, ist eines der indischen Wörter, welches durch die Theosophen und die Neo-Buddhisten in der Welt bekannt geworden ist. Wir sind ihnen dafür dankbar. Denn wir können kurz von der „Lehre des Karma“ sprechen, womit alle Spekulationen das Handeln betreffend gemeint sind, und besonders auch die Lehre vom Reifen (*vipaka*) der Taten.

Die Karma-Lehre ist mehr als ein Glaube an die Vergeltung guter Taten und die Bestrafung schlechter, hier oder in einem zukünftigen Dasein. Solch ein Glauben ist sehr weit verbreitet und noch nicht spezifisch indisch.

Die Karma-Lehre setzt den Glauben an Seelenwanderung voraus und ist vorwiegend eine rationale und moralische Erklärung bezüglich der Unterschiedlichkeit der Lebensumstände mit Blick auf viele aufeinanderfolgende Existenzen.

Mit einer rationalen und moralischen Erklärung meinen wir eine Erklärung, welche auf dem Prinzip der Kausalität im folgenden Sinne basiert: „Die gute Tat wird belohnt, die schlechte Tat wird bestraft.“ Eine Erklärung, welche keinen oder nur wenig Raum lässt für theologisches, mystisches oder übernatürliches Wirken: Es liegt in der Natur einer guten Tat, gute Früchte hervorzubringen, die Belohnung wird automatisch erzeugt und erfolgt unabhängig von jeglichen äußeren Einflüssen, aus dem Potential der guten Tat selbst heraus.

Der tiefliegende Grund für die Entstehung und Verbreitung dieser Lehre war zweifellos ein Gespür für Gerechtigkeit. Es ist nicht einfach nur so, dass Verbrechen bestraft und Tugend belohnt werden sollten. Auch unverdientes Leiden und unverdiente Freude sind uns aus demselben Grund anstößig. Daher eine Gewissheit, eine Art wissenschaftlicher Gewissheit, erstens, dass Sünde sich unbedingt in Leiden verkehrt und gute Taten in Freude, so wie die moderne Physik Bewegung in Wärme umwandelt, und zweitens, dass Leiden und Vergnügen die entsprechenden Produkte von Sünde und Tugend sind.

Es kann ohne Übertreibung gesagt werden, dass diese Gewissheit für Jahrhunderte das stärkste und allgemeinste Gefühl in Indien war. Selbst heute, in den Kasten, welche Kinder-Hochzeiten praktizieren, werden junge Witwen als Kriminelle angesehen: „Was für eine Sünderin musst du sein, um deinen Ehemann so früh zu verlieren!"

Unter den Buddhisten wird die Lehre vom Karma als eine Regel im strengen Sinne verstanden und umfasst alles.[40] Im Falle der Nicht-Buddhisten, mit der möglichen Ausnahme der „Religionen der Hingabe" (*bhakti*), ist die Karma-Lehre nicht weniger wichtig, auch wenn sie dort nicht ganz so strikt aufgefasst wird.[41]

Wir schlagen vor, die Geschichte der Karma-Lehre und den Anteil des Buddhismus in dieser Geschichte zu untersuchen. Die Schlussfolgerung dieser Untersuchung wird sein, dass (1) die Buddhisten Karma nicht entdeckt haben, sondern (2) dass sie unter den ersten waren, welche eine vernünftige und moralische Definition von Karma gegeben haben. Darüber hinaus haben die Buddhisten erfolgreich alle möglichen Konsequenzen aus der Karma-Lehre

---

[40] Nagasena in *Milindapanha*, S. 134 (Warren, *Buddhism in translations*) ist nicht so streng.

[41] Siehe W. Hopkins, *Modifications of the Karma Doctrine*; J. R. A. S. 1906, S 581, 1907, S. 665. [Edward Washburn Hopkins, 1857-1932, amerikanischer Sanskritist. J. R. A. S. = *The Journal of the Royal Asiatic Society of Great Britain and Ireland*].

gezogen: menschliches Schicksal, Kosmologie und Theogonie basieren im Buddhismus auf Karma.

### 3.2 Geschichte des alten Karma-Begriffs

Zur Zeit von Sakyamuni gab es (1) Ungläubige, Leugner der Seele, der Wiedergeburt und des Handelns bzw. Karma; (2) Anhänger von Wiedergeburt und Bestimmung; (3) Anhänger der Wiedergeburt, welche die Lehre vom Handeln vorausahnen lassen; (4) Anhänger der Wiedergeburt und der Lehre des Handelns.

Wir haben bereits, wenn auch nur kurz, die Entwicklung der philosophischen Analyse untersucht, welche über einen langen Zeitraum hin die alten religiösen und kosmologischen Vorstellungen der Arier zerstört hat. Diese Analyse hat eine esoterische Theologie hervorgebracht – eine Gnosis im wörtlichen Sinne – und eine pantheistische oder monistische Richtung genommen, bis sie schließlich die Vorstellung des universellen Selbst verkündete.

Aber das ist nur ein Zweig der philosophischen Entwicklung, der „orthodoxe" Zweig, oder mit der korrekten Bezeichnung, der vedische bzw. brahmanische Zweig. Im Gegensatz zu den Pantheisten und Mystikern gab es aber auch Materialisten und Positivsten im alten Indien – und zwar deutlich mehr, als es zunächst scheinen mag.

Unsere Quellen, welche sowohl brahmanisch als auch buddhistisch sind, stimmen hinsichtlich des Gesamtbildes überein.[42] Brahmanische Quellen legen viel Wert auf die Pietätslosigkeit der „Möchtegern-Philosophen", „Hochstapler" (*philosophasters*) (*panditamanika*), welche nicht an den Veda und die Opfer glauben. Die Buddhisten, welche selbst mit dem Priestertum und seiner Theologie gebrochen haben, sind besonders mit der Widerlegung der Seele und zukünftiger Leben beschäftigt.

[42] Siehe Hastings, *E. R. E.*, Artikel „Materialismus".

Der übliche Name für die „Ungläubigen“ ist *lokayata*, „Weltmenschen“, und *nastika*, „Verneiner, Leugner“, Menschen die sagen: *na asti*, „es ist nicht so, nein“. D. h. wenn ein Priester oder ein Bettelmönch ein Almosen wollen: „Es gibt hier nichts für dich.“ Oder auch: „Es gibt nicht so etwas wie ein Geschenk, ein Opfer, eine Gabe, ein Resultat der guten und schlechten Taten.“ Oder: „Es gibt keine Mutter, keinen Vater.“ D. h. die Eltern werden in keiner Weise geehrt. Oder: „Kein Asket oder Brahmane hat die Wahrheit entdeckt oder kann die Wirklichkeit eines anderen Lebens erkennen.“ Die Opfertradition und die Offenbarungen der heiligen Männer oder die Führer der Asketen-Orden äußern nichts als Lügen und leere Versprechungen, um sich zu bereichern.

Die Ungläubigen hatten vermutlich eine Form der Philosophie. Nachdem wir präzisere Informationen über sie erhalten haben, d. h. einige Jahrhunderte nach dem Tod des Buddha, erfahren wir, dass die Nastika strenge Materialisten waren, im modernen Sinne des Wortes. Der Mensch ist aus stofflichen Elementen gebildet; psychische Phänomene werden mit den speziellen Möglichkeiten dieser Elemente in einer bestimmten Verbindung erklärt: So wie eine Mischung aus Reis und Wasser eine giftige Kraft entwickelt, entsteht auch Bewusstsein im lebendigen Körper.

Wie es auch genau um die alten Nastika bestellt gewesen sein mag, die alten buddhistischen Texte berichten über ihre Ansichten wie folgt:[43]

> Der Mensch besteht aus den vier Elementen. Wenn der Mensch stirbt, kehrt das Erde-Element [des Körpers] zur Erde zurück; das Wasser-Element kehrt zum Wasser zurück; das Feuer-Element kehrt ins Feuer zurück; das Wind-Element kehrt zum Wind zurück; die Sinne lösen sich in den Raum auf. Vier Menschen, mit dem Leichnam eines

[43] *Dialogues of Buddha*; I, S. 46, 69, 71, 73.

> fünften, gehen auf den Friedhof und murmeln dabei Gebete. Aber die Knochen werden im Feuer gebleicht, und die Gaben der Lebenden verschwinden in den Flammen seines Scheiterhaufens. Weise und Narren hören gleichermaßen auf zu existieren, wenn sich der Körper auflöst, sie verschwinden und existieren nicht länger.

So sprach Ajita, der „Haargewand-Träger".[44] Und so spricht Purana Kassapa:

> „Es gibt keine Schuld desjenigen Menschen, der einen anderen verstümmelt oder einen veranlasst, jemanden zu verstümmeln, der tötet, nimmt, was ihm nicht gegeben wurde, in Häuser einbricht, Räuberei (*dacoity*) begeht oder Raub oder Ehebruch; und so weiter. ... Und selbst wenn er alle Lebewesen zu einem Haufen, einem Klumpen Fleisch zerschlagen würde, träfe ihn keine Schuld.
> Und derjenige, welcher den Ganges entlanggeht und Almosen gibt oder Geschenke verteilt – für ihn gibt es kein Verdienst."

Derart waren die seltsamen Predigten der ungläubigen Asketen; denn die Asketen hatten ein unbedingtes Recht darauf, die Wahrheit zu verkünden. So sagt es König Ajatasatru:

> „Wie sollte jemand, wie ich es bin, daran denken, irgendeinem Asketen oder Brahmanen in meinem Königreich Missfallen zu bereiten?"

In Indien waren die Gedanken frei; Meinung war kein Verbrechen; aber Übeltäter wurden allesamt mit dem Tod bestraft.

---

[44] [Es handelt sich um Ajita Kesakambali, einen frühen indischen Philosophen und Zeitgenossen des Buddha.]

Seite an Seite mit den Nastikas gab es ein paar Philosophen, welche zwar an eine Seele und die Wiedergeburt glaubten, aber Karma und Vergeltung leugneten.

> Es gibt 84 000 Zeitalter, während denen Weise wie Narren gleichermaßen die Wiedergeburt durchleben und schließlich dem Leiden ein Ende bereiten. ... Freude und Leid, wie sie vorab bestimmt sind, können während der Zeit der Seelenwanderung nicht abgeändert werden; es gibt darin keine Zunahme oder Abnahme. So wie ein Ballen von Garn sich nur so weit erstrecken kann, wie er ausgewickelt lang ist, so wandern Narren und Weise gleichermaßen die ihnen bestimmte Zeit umher.
>
> Es gibt keine Ursache, weder entfernt noch grundsätzlich, für die Verkommenheit oder Rechtschaffenheit der Wesen; sie sind rechtschaffen oder verkommen ohne besonderen Grund. Es gibt nicht so etwas wie Stärke, Energie oder menschliches Bemühen. Die Wesen neigen sich hierhin oder dorthin entsprechend ihres Schicksals, ihrer individuellen Natur.

Auch die Brahmanen waren nicht besonders eindeutig, was die Kraft betrifft, welche die Seelenwanderung bestimmt. Es stimmt aber, dass Bezugnahmen auf Karma nicht fehlen:

> Der Geist nimmt nach dem Tod eine neue Form an, eine Form der Väter oder Gandharvas, von göttlichem oder menschlichem Wesen, oder irgendein anderes Lebewesen. ... So, wie er gehandelt und sich verhalten hat, so wird er werden. Wer Gutes tut, wird ein gutes Wesen; wer Schlechtes tut, wird ein schlechtes Wesen; er wird rein durch Handeln, er wird schlecht durch Handeln.

Andernorts begegnen wir einer Formel, welche spezifisch buddhistisch in Tonfall und Bedeutung ist:

> Der Charakter eines Menschen hängt vom Begehren ab. So wie sein Begehren ist, so ist sein Bestreben; wie sein Bestreben, so ist der Verlauf der Handlungen, welche er verfolgt; und dem Verlauf seines Handelns folgend tritt er in einen entsprechenden Zustand als Lebewesen ein.

Aber einer wichtigen Passage in demselben Buch zufolge ist die Karma-Doktrin eine neue Lehre, eine Lehre, die es geheim zu halten gilt. Im Verlauf eines philosophischen Wettkampfs – solche Wettkämpfe sind seit ältester Zeit bis hin zu Akbar keine Seltenheit – richtete Jaratkarava Artabhaga an Yajnavalkya die Frage nach dem Schicksal der Toten, und der gefeierte Brahmane antwortete:

> „Gib mir deine Hände, meine Freund; nur wir zwei sollten darin eingeweiht sein; verrate kein Wort darüber, was du jetzt erfährst, an Außenstehende.“

Und der Erzähler fasst die Debatte, welche sie führten, kurz und trocken zusammen:

> Was sie sagten, sagten sie bezüglich des Handelns; durch reines Handeln wird der Mensch rein.

Insgesamt sind Bezüge zur Karma-Lehre in der alten brahmanischen Literatur, den Brahmanas oder Upanischaden, nicht sehr häufig. In der Sichtweise der Autoren dieser Texte sind Opfer und esoterische Weisheit sehr viel wichtiger als Karma. Aber es ist nur natürlich, dass liturgische Abhandlungen (Brahmanas) Opfer als das beste Mittel zur Verbesserung des zukünftigen Daseins ansehen. Was die philosophisch-mystischen Traktate (Upanischaden) angeht, so befassen sich diese vornehmlich mit dem Verschmelzen des individuellen Selbst mit dem großen Selbst. Die allgemeine Ansicht ist die, dass dieses große Ziel durch den Besitz einer mystischen Weisheit erlangt werden kann; dementsprechend befassen sich die Upanischaden nur wenig mit dem Problem von Handeln und Vergeltung. Darum sind wir nur aufgrund des relativen Schweigens der alten Texte nicht berechtigt zu sagen, dass die Karma-Lehre nicht bereits allgemein bekannt war.

Der beste Grund, den wir für die Annahme haben, dass die Karma-Lehre nicht neu war, sondern zur Zeit von Sakyamuni allgemein bekannt, findet sich in den Lehren von Sakyamuni selbst und in der Geschichte seiner Kirche.

Viele unter den Asketen, welche der einfachen Gemeinschaft beitraten, waren Anhänger der Karma-Lehre. Die Jatilas, die „Asketen mit dem geflochtenen Haar“, wurden zum Orden ohne Noviziat oder dreimonatige Probezeit wie bei anderen Anwerbern zugelassen, „weil sie an die Karma-Lehre glaubten“. Aus diesem Grund machte der Meister bei ihnen eine Ausnahme von der Regel, welche in weiser Voraussicht eine gründliche Vorbereitung zur vollen Zulassung in den Orden sicherte.[45]

Unser Punkt ist jedoch, dass die Lehren von Sakyamuni bezüglich Karma in keiner Weise eine Stegreif-Schöpfung darstellen und einen Erfolg haben, der nicht möglich gewesen wäre, wenn es sich um etwas gänzlich Neues gehandelt hätte. Sakyamuni lehrte einen Pfad zur Erlösung, weil viele Menschen nach Erlösung trachteten. Dasselbe gilt für Karma. Menschliches Schicksal, freier Wille, die Wirksamkeit von Buße zur Zerstörung von Sündhaftigkeit – zusammen mit solchen Fragen wie „Ist die Seele identisch mit dem Körper?“, „Ist das Universum unendlich?“ – waren die Themen lebhafter Diskussionen zwischen Asketen und Wandermönchen, während die Laien, welche all die Scharen spiritueller Männer durchfütterten, großes Interesse an diesen philosophischen Themen hatten und sich damit arrangierten, die Karma-Lehre anzuer-

[45] Es liegt nahe, dass diese Ausnahme bestätigt, dass der fragliche Glaube ebenso eine Ausnahme war. Wir denken, die einzig legitime Schlussfolgerung ist die, dass keine andere Gruppe von Asketen insgesamt von den Buddhisten akzeptiert wurde.

kennen. Diese Lehre, ebenso wie die Lehre der Seelenwanderung, welche sie so glücklich ergänzt, war bereits tief im allgemeinen Empfinden verwurzelt.

### 3.3 Karma ist Wille und willentliche Handlung

So weit wir vermuten können – es gibt weitaus mehr Mutmaßungen als bestätigte Fakten in der alten Geschichte – war Sakyamuni der erste oder einer der ersten, welcher eine vernünftige und moralische Erklärung von Karma gab.

Die wird ersichtlich aus einem Vergleich zwischen den Buddhisten und den Jainas, einem einflussreichen Mendikanten-Orden, welcher ein paar Jahre vor Sakyamuni entstand oder reorganisiert wurde.

Die Jainas sind in vielerlei Hinsicht den Buddhisten sehr ähnlich, so sehr, dass der unterschiedliche Ursprung der beiden Schulen lange Zeit angezweifelt wurde. Sie sind brave Atheisten – sie leugnen sogar die gängige indische Redewendung *devo sarvati*, *Zeus vet*;[46] sie glauben, dass Karma die herrschende Macht des menschlichen Schicksals ist.

Aber sie loben die strenge materialistische Idee von Karma. Sie sind der Meinung, dass körperliche und sprachliche Handlungen wichtig sind, dass sie eine feine Materie entwickeln, welche die Seele umhüllt und Vergeltung erzeugt – wohingegen mentale Handlungen nur schwach und uneffektiv sind.

Im Gegensatz dazu lehrt der Buddhismus, dass es kein Karma ohne Bewusstsein, ja sogar ohne Vorsatz gibt.

Karma ist zweifach: (1) Wille (*cetana*), d. i. geistiges oder spirituelles Handeln (*manasa*); und (2) was aus Wille hervorgeht, was willentlich getan wird, „was eine Person tut, wenn sie entschlossen ist", nämlich körperliche und sprachliche Handlungen.[47]

---

[46] [*devo sarvati* = der Gott des Regens lässt es regnen]

[47] *Samyutta-Nikaya*, II. S. 99; *Madhyamakavrtti*; S. 306.

Wenn man Gold gibt mit der Absicht, einen Stein zu geben, wird tatsächlich Gold gegeben; aber da es nicht mit Vorsatz oder willentlich gegeben wird, ist es so, als ob kein Gold gegeben wäre. Es ist nicht „adäquat“; es ist nicht „aufgespeichert“ (*upacita*); es wird keine Früchte tragen. Auf dieselbe Weise gilt, dass wenn ein Mensch seine Mutter erschlägt in dem Glauben, er würde [versehentlich] nach einem Kürbis schlagen, es sich nicht um Muttermord handelt, es gibt keinen Mörder, nur die Zerstörung eines Stück Gemüses.

Die Jainas kritisieren diese Lehre scharf und wären der Ansicht, der unbeabsichtigte Mord an der Mutter wäre ein schreckliches Verbrechen. Der Mensch, welcher den Mord begeht oder auf irgendeine Weise einem Lebewesen Schaden zufügt, ohne Absicht, ist nicht weniger schuldig als ein Mensch, der ins Feuer greift und sich verbrennt.

Jedoch führt dies zu offenkundigen Absurditäten. Das Embryo und die Mutter wären schuldig, einander Leiden zuzufügen. Der Ermordete wäre selbst schuldig, denn er ist das Objekt des Mordes und darum der Ursprung für das Handeln des Mörders.

Weiterhin ist der Vergleich mit dem Feuer kein besonders glücklicher: Ein Mensch wäre nicht des Mordes schuldig, wenn er einen anderen findet, der ihn an seiner statt verübt, denn wir verbrennen uns auch nicht, wenn ein anderer für uns ins Feuer greift. Andererseits wäre eine unbewusste Sünde schlimmer noch als eine bewusste Sünde: Ein Mensch, der heißes Eisen berührt, ohne zu wissen, dass es heiß ist, wird sich schlimmer verbrennen als jemand, der es weiß.[48]

[48] Beim Anführen der Konsequenzen dieser Ansicht der Jainas vergisst der Autor des *Abhidharmakosa* (Kapitel IV), dass Nagasena Milinda genau diese Sichtweise der Jainas und das Gleichnis vom Feuer lehrt. Vergleiche in diesem Zusammenhang Platon und die „Lüge in der Seele“ (*Vom Staat*, II.382) und Bourdaloue zum verzehrten Gewissen (*fausse conscience*).

Dieser Kontrast der buddhistischen Lehre mit derjenigen der Jainas lenkt unsere Aufmerksamkeit auf den Umstand, dass die Ansichten von Sakyamuni, welche uns in der Tat irrational erscheinen, kühn und neuartig waren und mit weitreichenden Konsequenzen verbunden.

Das Risiko einzugehen, den unbewussten Mörder freizusprechen, bedeutet tatsächlich, mit dem uralten Konzept der Sünde zu brechen. Wir glauben nicht, dass in ältesten Zeiten ein moralisches Verständnis von Pflicht und Sünde existiert hat. Stattdessen wurde Sünde als eine Art ansteckende Krankheit betrachtet, eine der gefährlichsten Formen von Unreinheit. Man wird sündhaft, den Göttern und Menschen verhasst, nicht nur durch sündhaftes Handeln, sondern auch durch Verwandtschaft oder jegliche Form von Kontakt.

Eine Konsequenz dieser materialistischen Konzeption besteht darin, dass Sünde durch physische Mittel abgebaut werden kann, durch Sühne (*tapas*) ausgemerzt wird, durch die Hitze der Sühne – zwischen den vier Sühnefeuern stehend, mit der Sonne über sich – womit die Sünde mitsamt dem Schweiß aus dem Körper extrahiert wird. Oder die Sünde wird durch Bäder abgewaschen, vor allem durch Bäder im heiligen Wasser des Ganges.

Diese alten und stets lebendigen Vorstellungen wurden in manchen indischen Religionen vergeistigt, aber nur der Buddhismus ignoriert oder streicht sie in radikaler Weise. Wir müssen die Bestimmung von „Karma ist Wille, sowie körperliche und sprachliche Handlungen, welche dem Willen folgen“ als einen Meilenstein in der Geschichte des indischen Denkens ansehen.

Der Wille ist alles entscheidend. Unsere Zukunft hängt von unserem gegenwärtigen Bestreben ab, und unser gegenwärtiger Zustand basiert auf unserem vergangenen Wollen.

Alles, was wir sind, ist das Ergebnis davon, was wir gedacht haben; es basiert auf unseren Gedanken; es ist aus unseren Gedanken

errichtet. Wenn ein Mensch mit üblen Gedanken spricht oder handelt, folgt ihm das Leid, so wie das Rad dem Fuß des Ochsen folgt, der den Wagen zieht.
Wir sind, was wir denken, wir sind, was wir sein wollen.
Aber während er die absolute Bedeutung des Willens betont, verringert der Buddhismus nicht die Wichtigkeit körperlicher und sprachlicher Handlungen, die Handlungen, die eine Person ihrem Willen entsprechend ausführt. Das säkulare Leben zu verlassen und wirklich der buddhistischen Gemeinschaft beizutreten ist etwas ganz anderes, als sich nur dazu zu entschließen. Einen Menschen zu töten ist weitaus bösartiger, als sich zu entschließen, jemanden zu töten. Es stimmt, dass im Falle eines Rishi, der über magische Kräfte verfügt, der Entschluss zum Töten tatsächlich tötet; aber im Falle der gewöhnlichen Sterblichen bedarf ein Mord eines starken und beharrlichen Willens.
Ein Punkt der späteren Scholastik ist es wert, erwähnt zu werden. Während ein bloßer Wille nur Spuren (*vasana*) im Strom der Gedanken hinterlässt, schaffen körperliche und sprachliche Handlungen – welche körperlich und materiell sind – ein Objekt spezieller Beschaffenheit, halb-materiell (*rupa*) und halb-geistig, welches „Handlung“ genannt wird, obwohl es das Resultat des Handelns ist. Die Scholastiker bezeichnen es als *avijnapti*. Einmal durch freiwillige sprachliche oder körperliche Handlung erzeugt (*vijnapti*), existiert das *avijnapti* und entwickelt sich eigenständig weiter, ohne das Zutun der Gedanken, egal ob man geht, schläft oder in Meditation versunken ist.
Die Konzeption von *avijnapti* ist klar ersichtlich. Ein Mensch, der die Gelübde (*samvara*) des religiösen Lebens in einem einzigen Entschluss (*vijnapti*) auf sich genommen hat – eine sprachliche Handlung –, ist kein Mensch mehr wie jeder andere. Er hat sich selbst dazu verpflichtet, bestimmte Handlungen Zeit seines Lebens zu unterlassen, Töten, Stehlen etc. Er denkt nicht immer über diese

Verpflichtung nach, während er schläft oder zu sonst einer Zeit. Nichtsdestotrotz gilt, dass, solange er nicht formal seine Gelübde aufgibt oder eine Handlung begeht, welche einen Bruch seiner Gelübde darstellt, er ein Mensch bleibt, welcher die Gelübde genommen hat, wörtlich „jemand, der beherrscht ist" (*samvrta*). Sein Vermeiden sündhafter Handlungen ist etwas anderes als das zufällige Vermeiden sündhafter Handlungen von einem Menschen, der nicht die Gelübde genommen hat.

Damit eine Handlung wirklich vollständig ist und wirklich Früchte trägt, muss sie drei Anteile haben: (1) die Vorbereitung, d. h. das anfängliche Wollen und alle Behelfe, welche notwendig sind für das sogenannte „grundsätzliche Handeln"; zum Beispiel ein Metzger steht morgens auf, steckt etwas Geld ein, geht auf den Markt, kauft eine Ziege, hat das Messer in seiner Hand; (2) die grundsätzliche Handlung: das Töten der Ziege, der tatsächlich zum Tod führende Schnitt; (3) die „Kehrseite" der grundsätzlichen Handlung: das Aufschneiden und Verkaufen des Fleischs etc.

Die buddhistische Lehre des Bekenntnisses basiert auf diesen drei Überlegungen. Der moralische Nutzen oder Verdienst (*punya*) eines Geschenks ist weitgehend oder komplett verloren für den Gebenden, wenn er seine Großzügigkeit bereut. Auf die gleiche Weise ist eine Sünde nicht gänzlich eine Sünde, sondern nur halb, wenn man sie bereut. Bekenntnis, wie es von den buddhistischen Mönchen praktiziert wird, ist kein sakramentaler Ritus; es ist Ausdruck einer Reue, eine Zusage: „Ich werde es nicht wieder tun." Und es ist Teil der Erfüllung der Gelübde des Mönches: „Ich werde nicht lügen." Bekenntnis zerstört nicht die Sünde; aber es ist erst die Absicht, die Sünde zu verheimlichen, welche sie vollständig macht.

### 3.4 Karma ist moralisches Handeln

Gemäß den Buddhisten sind die einzigen Handlungen Wille, bedeutungsvolle Rede und Tat; weiteres Handeln muss, um vollständig zu sein, „vorbereitet“ werden – nicht zufällig oder impulsiv – sowie „aufgestaut“, d. h. auch im Nachhinein anerkannt und nicht durch Reue entgegengesteuert.

Es muss hinzugefügt werden, dass die Buddhisten alle Anstrengung auf die Moralität der Handlungen legen, und dabei gibt es einen definierten Fortschritt.

Moralität war im alten Indien natürlich nicht unbekannt. Aber, um es vorsichtig zu sagen, die Vorstellungen davon waren etwas durch rituelle Vorurteile verwirrt. Im Buddhismus sind all die komplizierten Riten für Reinigung und Opfer praktisch bedeutungslos. Wo die einen dachten, dass Indra, der König der Götter, seine Herrschaft durch einhundert Opfer (daher sein Name, Satakratu = „hundertkräftig“) erlangt hätte, waren die Buddhisten der Ansicht, dass die Opfer keinerlei Nutzen hätten, dass das Töten beim Opfer einen Mord darstellt. Wo den einen Entsagungen und Reinigungen vielerlei Art notwendig schienen, lehnen die Buddhisten diese aufgrund des ganzen damit verbundenen Aberglaubens entschieden ab (*silavatra*). In der gleichen Weise verurteilen sie die bedeutsamsten der frommen Taten der Frühzeit, die Gaben an die Toten, die Begräbnisriten: Die Mönche kümmerten sich nicht einmal selbst um die Bestattung von Sakyamuni.

Nur Moralität bestimmt den Wert einer Handlung.

Der Umstand, dass buddhistische Moralität eine rein negative ist oder zu sein scheint, wurde oft betont: die zehn Sünden/Übel zu vermeiden. „Nicht töten, nicht nehmen, was einem nicht gegeben wurde, nicht unerlaubter Liebschaft nachgeben“ – die drei körperlichen Sünden. „Nicht roh, boshaft, unwahr oder unsinnig reden“ – die vier sprachlichen Sünden. „Nicht Lust, Hass, falschen Ansichten frönen, besonders der Ansicht, dass der Tod die Auslöschung sei" – die drei geistigen Sünden.

Ein Laie muss diese zehnfache Disziplin oder Beschränkung (*samvara*) akzeptieren, um als ein „Anhänger" (*upasaka*) zugelassen zu werden. Mönche nehmen eine noch strengere Regel auf sich, zum Beispiel entsagen sie nicht nur unerlaubter Liebschaft, sondern auch der Heirat überhaupt; aber der negative Charakter [d. h. Verbotscharakter] ihrer Moralität (*bhiksuta*) ist derselbe wie bei den Laien.

Können wir daraus folgern, dass positive Moralität oder Liebe den Buddhisten als Ideal des Verhaltens unbekannt ist? Offenkundig sind die Gelehrten nicht dieser Meinung.

R. Pischel, Taine folgend, hat die Behauptung aufgestellt, dass die Liebe zum Nächsten das Leitmotiv des Buddhismus sei.[49]

Es sollte zuerst festgestellt werden, dass die indischen Philosophen seit alters scharfsinnig genug waren, um zu verstehen, dass die Menschen immer gemäß ihren eigenen Interessen handeln, selbst wenn es einen noch so großzügigen und selbstlosen Eindruck macht. Sie haben La Rochefoucauld schon seit langem entdeckt. „Es ist für ihn selbst, dass der Mensch sein Vieh, seine Frau, seine Kinder liebt", heißt es in den Upanischaden. Und Sakyamuni ermutigt König Prasenajit und seine Frau, die Königin Mallika („Jessamine"), dieses Liebespaar, welches die Entdeckung machte, dass jeder von ihnen sich selbst jedem anderen vorzöge: „Ich sehe nicht", sagte Sakyamuni, „irgendein Lebewesen in den ganzen drei Welten, welches sich selbst nicht allen andern vorzieht".[50]

Selbst-Liebe, richtig verstandene Selbst-Liebe,[51] regiert alle Handlungen eines Buddhisten, egal ob Mönch oder Laie.

---

[49] Taine, *Noveaux Essais*; Pischel, *Buddha*; Oldenberg, *Aus Indien und Iran* sowie *Deutsche Rundschau*, 1908, VI, S. 380. [Richard Pischel, 1849-1908, Professor für vergleichende Sprachwissenschaft und Indologie.]

[50] *Samyutta-Nikaya*, I. S. 75.

[51] *Samyutta-Nikaya*, I. S. 71 (Warren, S. 216); *Jataka*, III. S. 279.

Der Mönch hat ein Stadium in der spirituellen Karriere erreicht, wo ein rein egoistisches Verhalten notwendig ist. Der Mönch muss keine guten Taten vollbringen – solche Taten hat er zuhauf in früheren Leben begangen –, er muss nur üble Handlungen vermeiden, jede Gelegenheit für üble Handlungen vermeiden, um so das Verlangen auszulöschen. Sein Ideal ist Abwesenheit von Verlangen, Abwesenheit von Handeln. Der Mönch hat die natürlichen und sozialen Bande abgeworfen; er hat keine Verpflichtungen mehr gegenüber seiner früheren Frau, seinen früheren Kindern.[52]
Ganz anders liegt der Fall bezüglich der Laien. Der Laie muss Verdienst erwerben, er muss positive Akte der Moral ausüben, gute Taten. „Eine gute Tat ist eine Tat, welche dem Nachbarn nützt; eine schlechte Tat ist eine Tat, welche dem Nachbarn schadet."[53]
Solch eine dogmatische Definition von Gut und Böse ist selten, und in der Regel wird die Moralität einer Handlung an ihren Früchten erkannt: „Eine gute Tat ist eine Tat, welche zu einer freudvollen Existenz führt; eine schlechte Tat ist eine Tat, welche Leiden erzeugt." Es gibt unzählige Beweise dafür, dass Buddhisten empfohlen wird, gute Taten allerlei Art auszuüben. Ein Mensch, der keine Sünde mehr begeht, wird als Mensch wiedergeboren, nicht als Bewohner der Hölle, als Tier oder Geist. Aber wenn die schuldfreie Person keine positiven, verdienstvollen Taten begeht, insbesondere Gaben-Geben, wird sie als armer Mensch wiedergeboren. Wohingegen ein großzügiger Mensch, der ein paar Sünden begangen hat, zwar für seine Sünden mit einer Wiedergeburt in einem niedrigen Zustand (Hölle usw.) zahlen muss. Aber er wird auch, nachdem er von den Fesseln seiner Sünde befreit wor-

[52] Oldenberg, *Buddha*, Übersetzung von Foucher, S. 149

[53] Der *Abhidharmakosa* teilt mit, dass „falsche Sicht" eine Sünde ist; dann fährt er fort mit dieser Aussage: „Wie kann gesagt werden, dass falsche Sicht eine Sünde ist, wenn eine gute Tat eine Tat ist, welche dem Nachbarn nützt..."

den ist, hier auf Erden als wohlhabender Mensch oder im Himmel die Früchte seiner Gaben genießen.

Unter den verdienstvollen Taten trägt Spenden am meisten Früchte. Es mag interessant sein, die Grundsätze zur Evaluierung der verdienstvollen Taten zu erfahren. Man muss in Betracht ziehen:

1. Die Qualität des Gebers, Glauben, Moral, Gelehrtheit und seine Absicht beim Geben: „Ich gebe, um selbst wieder zu empfangen ...“; „Ich gebe, weil ich empfangen habe ...“; „Ich gebe, weil meine Eltern und Großeltern wollen, dass ich gebe ...“

2. Die Art und Weise des Gebens: respektvoll, mit der rechten Hand, im geeigneten Moment.

3. Die Qualitäten des gegebenen Objekts, seine Qualität hinsichtlich Farbe, Geruch und so weiter. Es gibt dennoch auch eine Geschichte ähnlich derjenigen vom Obolus der armen Witwe.

4. Die Qualitäten der Person, welche empfängt, d. h., wie die Inder sagen, das „Feld“ (*ksetra*), auf welchem die Gabe dargebracht wird. Viel hängt im Buddhismus und Brahmanismus von der Fruchtbarkeit des Feldes ab. Unsere Quellen unterscheiden (a) die Besonderheit bezüglich der Art der Existenz: Selbst eine Gabe an einen bösen Menschen ist hundertmal so wertvoll wie eine Gabe für ein Tier; (b) Besonderheit aufgrund von Leiden: Gaben an Arme und Kranke tragen besonders reichlich Früchte; (c) die Besonderheit aufgrund empfangener Dienste: Unsere Eltern sind unsere Wohltäter und haben einen Anspruch auf unsere Gaben; der Prediger, der uns die buddhistische Lehre verkündet, schenkt uns eine zweite Geburt, besser als die erste; (d) schließlich die Besonderheit aufgrund von Qualitäten, Moralität, Wissen, mit einem Wort: Heiligkeit. Die Buddhisten sind nicht so neidisch wie die Brahmanen, und Sakyamuni lobt die Geschenke, welche den Asketen von rivalisierenden Sekten gemacht werden. Aber ein buddhistischer Mönch ist zweifelsfrei ein besserer „Boden“ als ein

Ketzer. Ein Geschenk an den Buddha, egal wie klein es sein mag, ist wahrlich sehr gut.

Die Gabe eines Menschen, der sich nicht um Vergeltung kümmert, der gibt, um sich selbst von Gier zu befreien, der die buddhistische Lehre gänzlich versteht – d. h., der die Nicht-Wesenhaftigkeit (*nairatmya*) des Gebers, der Gabe und des Empfängers versteht – ist die wertvollste Gabe.

Die Vermengung von „gut/heilsam“ (*kusala*), „verdienstvoll“ und „eine freudvolle Frucht tragend“ (*punya*) scheint eine Konsequenz der Karma-Lehre zu sein, wie sie die Buddhisten verstanden haben, und welche zu ein paar nicht ganz einwandfreien Ergebnissen führt. Zum Beispiel kann ein Mensch das weltliche Leben aufgeben, um als Gott wiedergeboren zu werden und im Vergleich zum menschlichen Leben größeres Vergnügen genießen. Die Geschichte von Nanda ist ein gutes Beispiel hierfür: Als er erkennt, dass seine Frau nicht mit den himmlischen Tänzerinnen konkurrieren kann – so wie weibliche Affen nicht mit seiner Frau konkurrieren können –, wird er zum Mönch, denn durch tatsächliche Mäßigkeit wird er Sinnesfreude von höchstem Ausmaß erlangen.[54]

Eine Tat ist gut, wenn sie nicht auf ein sofortiges Ziel (*aihika*) gerichtet ist, wenn sie getan wird, um Vergeltung in einem zukünftigen Leben zu erlangen. Sie ist schlecht, wenn sie auf ein unmittelbares Ziel gerichtet ist, d. h. auf Freude in diesem Leben. Diese Regel, welche gewissermaßen die goldene Regel darstellt, ist eventuell zu sehr erfahrungsbasiert. Aber um sie ohne Vorurteile einzuschätzen, müssen wir uns erstens daran erinnern, dass ein moralisches System nicht anhand der Einzelheiten seiner individuellen Fälle eingeschätzt werden darf, und zweitens, dass der wahre Buddhist derjenige ist, der sich nicht um Verdienst oder Vergeltung kümmert, sondern nach dem Nirwana strebt.

[54] *Saundaranandakavya* von Asvaghosa, Teilübersetzung von A. Daston, *J. As* 1912, I., S. 79.

## *4. Die Lehren von Karma, Seelenwanderung, Kosmogonie und Theogonie*

### 4.1 Der Mechanismus der Seelenwanderung

Die Buddhisten haben die Lehre des Karma nicht entdeckt, aber sie waren unter den ersten, welche ihre Bedeutsamkeit betonten, und vermutlich die ersten, welche das Wesen von Karma klar verstanden. Es bleibt noch zu zeigen, wie die Karma-Lehre ihnen eine rationalistische Theorie der Seele als eine weiterwandernde Nicht-Entität bereitstellt, gemeinsam mit einer Theorie der Entstehung der Welt bzw. Kosmogonie sowie Entstehung der Götter bzw. Theogonie.

Der Mensch ist gemäß den Buddhisten keine metaphysische Einheit, kein Individuum, kein Selbst und keine Sache für sich (*chose en soi*). Wäre er ein Selbst, könnte er sich nicht ändern; er könnte nicht vergehen; er würde, so wie er ist, bis in alle Ewigkeit fortdauern; er wäre leblos und ohne Bewusstsein, denn Leben und Bewusstsein bedeuten Abfolge und Wandel. Der Mensch ist selbst komplex und unbeständig.

Aber auf der anderen Seite fehlt es dem Menschen nicht an Einheit und Kontinuität. Er ist ein lebendiger Komplex, nicht eine zufällige Abfolge von unverbundenen Phänomenen; er ist eine Kette von Ursachen und Wirkungen.

Die verschiedenen Elemente seiner Kette werden unter drei Überschriften erfasst: (1) Leidenschaften bzw. Verlangen; (2) Handlungen und (3) was als Früchte (*phala*) bezeichnet wird, d. h. Empfindungen zusammen mit den unmittelbaren Bedingungen der Empfindung.

Um es weniger formal auszudrücken: Es entsteht ein Verlangen, auf welches ein Handeln folgen kann oder auch nicht (eine Handlung des Willens oder eine physische Handlung). Wenn es Handlung gibt, wird dieses Handeln vergolten werden; oder, in buddhistischer Sprache, es reift und trägt Früchte: Die Frucht ist freudvol-

les oder leidvolles Empfinden, zusammen mit dem gesamten physischen und psychischen Organismus, ohne welchen die Empfindung nicht möglich wäre. Empfindung ihrerseits erzeugt Verlangen – Zuneigung oder Abneigung –, welches erneut zu Handlungen führt. Das Rad dreht sich stetig weiter mittels dieser drei Felgen: Verlangen, Handlung, ausgereifte Früchte des Handelns.
So ist das grundlegende Prinzip.
Es wäre viel Raum vonnöten, um alle Konsequenzen dieses Prinzips auszuführen; was folgt, ist jedoch das Wesentliche.
Wenn wir die Veränderungen betrachten, welchen ein Wesen während seiner langen Wanderschaft durch Wiedergeburt unterliegt – genauer gesagt, die Veränderungen, welche den Komplex modifizieren, den wir als Lebewesen bezeichnen –, ist es offensichtlich, dass diese Veränderungen vielfältiger Art sind. Auf der einen Seite sind die Wandlungen entweder physisch-psychisch oder moralisch. Auf der anderen Seite sind sie groß oder klein, ihrer Beschaffenheit nach entweder eine Weiterentwicklung (Evolution) oder eine Umwälzung (Revolution).
Es gibt einen unaufhörlichen Wandel sowohl im physisch-psychischen wie auch im moralischen Bereich.
Im Verlauf einer Existenz, d. h. zwischen dem, was als Empfängnis oder Geburt bezeichnet wird, und dem, was man Tod nennt, sind die physisch-psychischen Wandel in der Regel gering. Wenn ein Wesen als Mensch geboren wird, als Tier oder Gott, lebt und stirbt es als Mensch, Tier oder Gott. Dennoch gibt es Ausnahmen. So ist zum Beispiel von einem Mönch berichtet, der die Versammlung beleidigt und seine Mitmonche als „Frauen" tituliert hat, dass er sich augenblicklich in eine Frau verwandelte. Es passiert, dass der Mörder eines Heiligen unmittelbar in die Hölle gerissen wird und ohne als Mensch zu sterben – von einem Höllenkörper umhüllt wird. Solche Ereignisse sind jedoch selten. Die physisch-psychischen Veränderungen, welche sich während eines Lebens

ereignen, beeinflussen normalerweise nicht die Gestalt des Körpers oder des Geistes.

Die moralischen Veränderungen können hingegen enorm sein, wie in dem Fall, wenn ein Mensch zu einem Heiligen oder einem Mörder wird, wenn jemand eine „starke Wurzel des Verdiensts pflanzt", oder wenn er eine der Todsünden begeht. Wir wollen dabei davon Notiz nehmen, dass nur Männer und Frauen als fähig erachtet werden, gute oder schlechte Taten zu begehen. Die anderen Existenz-Zustände, seien sie himmlisch oder höllisch, sind praktisch ausnahmslos Zustände der Belohnung oder Bestrafung.

Aber dann kommt der Tod. Der Tod ereignet sich, wenn die Summe der Handlungen, welche in einer Existenz als Vergeltung ausstanden, sich erschöpft hat. Ein Leben – auch wenn es Ausnahmen gibt – wird daran bemessen, wie lange es dauert, welche Freuden und Leiden es enthält, um so genau die Menge und Qualität zu besitzen, welche zu Beginn ausstanden. Der Tod, so können wir sagen, ist der Moment für große physio-psychische Veränderungen, welche auf moralischen Veränderungen basieren. In diesem Augenblick wird eine Art Bilanz bezüglich moralischer Guthaben und Schulden gezogen. Der moralische Status wird ermittelt und das nächste Dasein erfolgt in Entsprechung zu diesem Status. Ein neuer geistig-körperlicher Komplex entsprechend dieser nächsten Existenz entsteht, und damit er entstehen kann, nimmt der letzte Moment des Bewusstseins, das Sterbebewusstsein, diese oder jene Form an. Wenn die nächste Existenz zum Beispiel in der Hölle liegt, hört der Sterbende die Schreie der Verdammten. Er stirbt und im selben Moment wird das Sterbebewusstsein mit dem ersten Moment des Bewusstseins eines neuen Höllenwesens fortgesetzt. Dieser erste Moment des Bewusstseins eines neuen Wesens wird formal „Geburts-Bewusstsein" oder „Empfängnis-Bewusstsein" (*pratisamdhivi-jnana*) genannt.

Hier müssen wir eine Unterscheidung treffen.

Höllenwesen und Götter haben keine Eltern; ihre Geburt ist „geisterhaft“, d. h. wird als magische Erscheinung erklärt. Oder, um es anders zu sagen: Das Geburts-Bewusstsein eines neuen Gottes oder Höllenwesens neigt dazu, aus und für sich selbst, aus nichtorganisierter Materie, den Körper zu erschaffen, den es bewohnt. Darum erfolgt die Geburt solcher Wesen unmittelbar nach dem Tod desjenigen Wesens, welches als himmlisches Wesen oder Höllenwesen wiedergeboren werden soll.

Der Fall liegt in der Regel anders bei Tieren, Geistern und Menschen. Bei solchen Wesen setzt Geburt oder Empfängnis physische Umstände voraus, welche nicht erst im Moment des Todes desjenigen Wesens verwirklicht werden können, welches wiedergeboren werden soll. Die physischen Bedingungen einer Empfängnis fehlen, wenn ein Wesen als Hund wiedergeboren werden soll zu einem Zeitpunkt, da die Zeit des Hundes vorüber ist. Physische Bedingungen einer Geburt fehlen für solche Tiere wie Maden, welche aus faulem Fleisch hervorgehen, wenn es in diesem Zustand kein Fleisch gibt. In diesen und vielen anderen, ähnlichen Fällen kann das sterbende Bewusstsein nicht unmittelbar in dem Geburts-Bewusstsein eines neuen Wesens fortgesetzt werden.

Eine Schwierigkeit also, welche diejenigen Schulen eindeutig gelöst haben, welche eine sogenannte „Zwischen-Existenz“ (*antarabhava*) annehmen. Gemäß diesen Schulen wird das sterbende Bewusstsein als ein kurzlebiges Wesen (*gandharva*) fortgesetzt, welches sieben Tage oder sieben mal sieben Tage Bestand hat – offenkundig eine von den frühen animistischen Lehren geborgte Vorstellung. Dieser Gandharva schafft, in sehr ähnlicher Weise wie ein fleischloser Geist, mit Hilfe der empfangenden Elemente einen tierischen Embryo, einen geistigen oder menschlichen Embryo, sobald sich eine Gelegenheit dazu findet. Er wird vom Wind seiner Taten angetrieben in Richtung eines passenden Schoßes; aber manchmal kommt es auch zu Fehlern, zum Beispiel

kann es passieren, dass ein neues Tier als Schakal statt als Hund geboren wird.
Das entscheidende Moment, von dem die nächste Existenz abhängt, ist das Sterbe-Bewusstsein. Es ist das Sterbe-Bewusstsein, welches das Geburts-Bewusstsein hervorbringt und welches die unmittelbare Ursache für das Geburts-Bewusstsein ist.
Dass die moralische Verfassung im Tod von großer Bedeutung ist, wird von vielen Religionen anerkannt, in Indien wie auch außerhalb davon. Und dass diese Verfasstheit von der Art des zu Ende gehenden Lebens abhängt, welches der Mensch gelebt hat, ist ebenfalls eine weithin anerkannte Lehre und keine schlechte Psychologie.
Vorstellungen, denen man im Leben angehangen hat, erscheinen beim Sterben wieder. Ein Mensch hat in diesem kritischen Augenblick eine lebhafte Erinnerung an seine Vergehen und guten Taten – und in letzterem Fall, an die Vergeltung, nach welcher er strebt.
Sakyamuni sagt dies mit diesen Worten: Ein Mensch, der über Verdienst verfügt, dachte einmal: „Möge ich, wenn sich mein Körper zersetzt, Wiedergeburt in einer machtvollen königlichen Familie erlangen.“ Er denkt diese Gedanken, verbleibt bei diesen Gedanken, erfreut sich an diesen Gedanken, und diese Gedanken, welche ihn erfreut haben und die er gehegt hat, werden seine letzten Gedanken sein. „Dies ist, o Mönche, der Zugang und Weg, welcher zur Wiedergeburt in einer königlichen Familie führt.“
Der letzte Gedanke ist häufig die Summe und das Ergebnis des moralischen und geistigen Lebens eines sterbenden Menschen. Jedoch ist dies nicht immer der Fall.
Der letzte Gedanke bringt die nächste Existenz hervor. Sie ist daher vorherbestimmt durch das Handeln, welches in dieser nächsten Existenz vergolten wird – und die ausschlaggebende Handlung kann eine weit zurückliegende sein, begangen vor mehreren hundert Jahren. Dies wird mittels eines Beispiels klarer werden.

Wenn ein Tier als Mensch wiedergeboren wird, wird es ein Sterbe-Bewusstsein mit dieser Wirkung haben. Dieses Sterbe-Bewusstsein hängt nicht von irgendeiner Handlung oder einem Gedanken des Tieres ab, den Tiere sind tumb und nicht fähig zur Moral. Dieses Sterbe-Bewusstsein basiert auf irgendeiner alten guten Tat, welche ihre Früchte als menschliche Geburt trägt und welche über lange Zeit daran gehindert wurde, vollständig auszureifen: es gab eine Menge an negativen Handlungen, welche zuerst vergolten werden mussten. Nachdem nun diese Massen von negativen Handlungen ihre Früchte getragen haben – sagen wir eine größere Anzahl an höllischen oder tierischen Wiedergeburten –, kommt es schließlich zur Vergeltung der guten Tat, und das letzte Tier in der Reihe von tierischen Wiedergeburten erfreut sich in seinem letzten Moment an den Vorstellungen, Wünschen oder Bildern, welche zu einer menschlichen Geburt führen.

Die Buddhisten sagen, dass, wenn der Samen einer Pflanze mit einer bestimmten Farbe eingefärbt wurde, diese Farbe in der Blüte der Pflanze wiedererscheint, auch wenn sie in keiner der Entwicklungsstufen der Pflanze wie dem Stiel und so weiter anzutreffen ist. Ein westlicher Vergleich trifft es jedoch besser: Vererbung. Ein Mensch kann sein wie sein Großvater, aber ganz anders als sein Vater. Die Keime der Krankheit wurden durch einen Vorfahren in den Organismus eingebracht; für einige Generationen bleiben sie schlafend; plötzlich jedoch manifestieren sie sich in der aktuellen Krankheit. So verwickelt ist ein lebendiger Komplex; so geheimnisvoll sind die Gesetze der Vererbung, oder sollten wir sagen: So mysteriös ist die Vergeltung der Taten, sagen die Buddhisten.

Wir glauben, dass dieser Vergleich es auf den Punkt bringt. Denn jeder Moment im Leben eines körperlich-geistigen Komplexes, welchen wir Lebewesen nennen, ist der Erbe eines vorhergehenden, und trägt in sich alle Möglichkeiten einer sehr langen Vergangenheit.

### 4.2 Klassifizierung der Handlungen und der Mechanismus ihrer Wirkungen

Ein paar Bemerkungen hinsichtlich des Zeitpunktes der Vergeltung der Taten sind angebracht.
Es gibt Taten, welche *lokottara* bzw. überweltlich genannt werden, Handlungen, die nicht von Verlangen hervorgebracht wurden. Sie tragen keine Früchte, mit Ausnahme der Frucht der Befreiung (*visamyoga*). Sie zerstören Begierde; sie heben die Vergeltung anderer Taten auf; sie führen zu Nirwana. Sie sind Teil des Weges zum Nirwana bzw. ergeben den Weg zum Nirwana. Wir werden sie in Kürze untersuchen (siehe Kapitel 6. „Der Pfad zum Nirwana“). Wir sind nun mit denjenigen Taten beschäftigt, welche Wiedergeburt befördern, d. h. die Herbeiführung von Geburt oder Vergeltung: Sie nämlich gehen aus Begierde hervor.
Manche von ihnen müssen vergolten werden, manche nicht.

A. Die erste Gruppe kann dreifach unterteilt werden: Handlungen, welche in diesem Leben vergolten werden; Handlungen, welche im nächsten Leben vergolten werden; Handlungen, die in späteren [als dem nächsten] Leben vergolten werden.
1. Im Vergleich mit der Menge der Taten, welche in einem der späteren Leben vergolten werden, ist die Vergeltung von Taten in diesem Leben gering. Schmerz in diesem Dasein ist unbedeutend verglichen mit den Leiden in der Hölle; menschlichen Freuden können sich nicht mit den himmlischen Vergnügungen messen.
Ein wichtiger Punkt ist, dass die Vergeltung einer Sünde zu großen Anteilen vom moralischen Status des Sünders abhängt.
Wenn ein Mensch kaum Verdienste hat, kann eine leichte üble Tat zu einer höllischen Existenz heranreifen. Ein guter Mensch hingegen wird dieselbe üble Tat bereits in diesem Leben abgelten: eine

leichte Strafe, obwohl – wie es die Texte sagen – sie nicht mild, sondern sehr schmerzhaft erscheinen mag.

Es ist so, als ob ein Mensch einen Klumpen Salz in ein kleines Glas Wasser geben würde: Das Wasser wäre versalzen und ungenießbar. Aber wenn derselbe Klumpen Salz in den Ganges-Fluss gegeben wird, wäre das Wasser des Ganges von ihm nicht merkbar verändert.[55]

Auf die gleiche Weise wird der moralische Zustand eines guten Menschen durch eine kleine Übeltat nicht verändert. Aber auch diese Sünde muss, wenn sie voll ausgereift ist, vergolten werden – sie wird demnach in dieser Existenz vergolten.

2. Manche Taten werden notwendigerweise in der nächsten Existenz vergolten. Ihre Vergeltung kann nicht durch die Vergeltung anderer Taten hinausgezögert werden; daher werden sie als *anantarya* oder „unmittelbar“ bezeichnet – Vatermord, zum Beispiel. Solche Sünden machen die Erlangung der Heiligkeit unmöglich.

3. Die dritte Gruppe von Vergehen, egal wie schwer sie auch wiegen mögen, muss nicht unbedingt in der nächsten Existenz vergolten werden. Ihre Vergeltung kann verschoben werden, um Raum zu schaffen für die Vergeltung anderer Taten; in diesem Falle werden sie „später“ vergolten. Oder, und dieser Punkt ist interessant, da sie nicht die Erlangung der Heiligkeit verhindern, kann es passieren, dass sie sich zu Vergehen wandeln, welche noch in dieser Existenz vergolten werden.

Die klassische Darstellung dieser Regel ist der Fall von Angulimala, „der Mann mit der Finger-Girlande“, ein berüchtigter Räuber und Mörder. Sakyamuni konnte ihn aufgrund einiger alter, unter einem tiefen Berg von Sünden begrabenen guten Wurzeln bekehren. Angulimala wird ein Mönch und Heiliger, d. h. jemand, der Befreiung erlangt hat und nicht mehr wiedergeboren wird.

---

[55] *Anguttara-Nikaya*; I. 249 (Warren, S. 218).

Dennoch entgeht er nicht den Früchten seiner bösen Taten: Wenn er sich in die Stadt begibt, um Almosen zu sammeln, so wie es die Mönche jeden Tag tun, wird er von der Bevölkerung mit Steinwürfen empfangen; er ist mit Blut bedeckt; seine Bettelschale ist zerbrochen und seine Robe zerrissen. In diesem Zustand geht er zu Sakyamuni, der zu ihm sagt: „Die Vergeltung deiner üblen Taten, welche du über viele Jahre erfahren hättest, über Tausende von Jahren in der Hölle, erfährst du nun bereits in diesem Leben.“[56]

B. Ein paar Worte werden einen Eindruck von denjenigen Taten vermitteln, welche nicht notwendigerweise vergolten werden, welche aufgegeben oder „zurückgelassen“ werden können. Ein Heiliger, der reichlich Verdienst angesammelt hat, ist nicht dazu verpflichtet, sich an diesem Verdienst im Paradies zu erfreuen, er wird im Tod das Nirwana verwirklichen. Ein Mensch wiederum, der in einem der höchsten Himmel wiedergeboren werden und dort das Nirwana erlangen soll – in der Fachsprache ein Anagamin –, gibt alle Taten, gute wie böse, auf, welche in der Hölle, auf Erden oder in einem minderen Paradies vergolten worden wären. Auf die gleiche Weise, so sagen es die Texte, lässt ein Mensch, der seinen Wohnsitz wechselt, seine Schulden für immer hinter sich.

Wir sind nun in der Lage, den Mechanismus des Reifens der Taten zu verstehen.[57]

Existenzweisen sind gut oder schlecht; menschliche und himmlische Existenzen sind gut; höllische Existenzen, Geisterdasein und tierische Existenzen sind schlecht.

Eine Existenz, eine Wiedergeburt, wird durch einen einzigen Akt verursacht bzw. formal ausgedrückt: „projiziert“ (*aksipta*). Alle

[56] *Majjhima-Nikaya*, II. S. 97. Die Geschichte von Losakatissa (*Jataka*, I. S. 235) ist interessant in diesem Zusammenhang. Siehe auch *Vajracchedika*, §16.

[57] *Abhidharmakosa*, Kap. IV.

Menschen werden als Menschen infolge einer guten Tat wiedergeboren. Wie kommt es dann, dass so viele von ihnen unglücklich sind? Weil eine größere Anzahl von Handlungen zusammen die [spezifischen] Bedingungen einer [konkreten] Existenz ausmachen. Daher die Vielzahl der unterschiedlichen Lebensweisen innerhalb einer Art.

Ein Mensch begeht infolge seiner falschen Ansichten oder schlechter ererbter Veranlagungen eine der zehn Sünden: er begeht Mord, Diebstahl, Ehebruch; er gebraucht falsche, bösartige, rohe, sinnlose Worte; er nährt begierige Vorstellungen, hassvolle Empfindungen, falsche Ansichten. Diese Vergehen gelten als vollständig, d. h. voll bedacht, bewusst ausgeführt, für gut befunden und gebilligt: Sie werden notwendigerweise in der nächsten Existenz vergolten; dementsprechend wird dieser Mensch in der Hölle wiedergeboren. Wenn die Sünde sehr gravierend ist (z. B. infolge von Wiederholung etc.), stirbt dieser Mensch in einer Hölle, nur um in einer andern wiedergeboren zu werden, und das zehn Mal, hundert Mal oder tausend Mal. Seine höllischen Existenzen und sein Leiden werden formal als „Reifen der Früchte" (*vipakaphala*) seiner Sünden bezeichnet.

Die Geburt-projizierende Kraft der Sünde ist noch nicht erschöpft, aber verringert. Darum haben wir nun tierische Wiedergeburten, ein Mal, zehn Mal oder hundert Mal. Die während dieser tierischen Existenzen erfahrenen Leiden sind erneut „gereifte Früchte"; aber die Natur des Tieres ist eine Frucht namens *nisyandaphala*, eine „Frucht ähnlich der Tat". Zum Beispiel wird ein Mörder als Tiger wiedergeboren; ein Dieb als verschlagenes Tier wie z. B. eine Schlange, und so weiter.

Die Geburt-projizierende Kraft der Sünde ist nun erschöpft; dementsprechend ist nur Raum frei für die projizierende Kraft einer guten vergangenen Tat, welche dazu bestimmt war, „in späteren Leben" vergolten zu werden; und jetzt projiziert diese Handlung ein menschliches Dasein: Dieses menschliche Leben, zusammen mit den darin zu erfahrenden Freuden, ist das „Reifen der Frucht" der guten Handlung.

Doch diese Freuden sind gering und selten. Solch eine menschliche Existenz wird keine glückliche sein. Der frühere Bewohner der Hölle und das frühere Tier, obgleich als Menschen wiedergeboren, bleiben unter dem Einfluss ihrer alten Sünden. Sie leiden Schmerzen ähnlich der Sünde. Ein ehemaliger Mörder wird ein kurzes Leben haben, er wird gewaltsam zu Tode kommen. Ein Dieb wird in Armut fallen; ein Ehebrecher wird eine untreue Frau haben und so weiter. Diese Leiden sind Teil des *nisyandaphala* der früheren Sünde. Der zweite Teil besteht in geistigen oder moralischen Veranlagungen, welche mit den Veranlagungen übereinstimmen, die vor längst vergangener Zeit im entsprechenden Vergehen kulminierten. Der Mörder wird nach einem langen Aufenthalt in der Hölle (*vipakaphala*) als Tiger wiedergeboren (*nisyandaphala*) und leidet als ein Tiger (*vipakaphala*). Wenn er als Tiger stirbt, wird er als Mensch wiedergeboren (*vipakaphala* einer früheren guten Tag), aber als ein Mensch von grausamer Natur (*nisyandaphala*), der dazu bestimmt ist, einen gewaltsamen Tod zu sterben (*vipakaphala*). Und so weiter. Kurzum: Karma erklärt alles, was „die Welt der Lebewesen" (*sattvaloka*) betrifft, Höllenbewohner, Tiere, Geister, Menschen und Götter; die Macht der Götter und Könige, die physische Schönheit der Frauen, den prächtigen Schwanz der Pfauen, die moralischen Veranlagungen jedes Einzelnen.

### 4.3 Schicksal, freier Wille, Solidarität

Im alten Indien wurde, ebenso wie zu großen Teilen im heutigen Indien, an Schicksal oder Tyche geglaubt, an *daiva* (von *deva*, Gott, auch *vidhi* oder *hatha*), eine blinde Macht, der gegenüber menschliche Weisheit und Bemühungen schwach sind. Der Mensch ist nicht einmal frei dazu, klug und weise zu sein, *deus*

*quos vult perdere prius dementat*,[58] ein Spruch, welcher das Motto vieler Episoden im *Mahabharata* sein könnte.
Der Buddhismus leugnet die Macht des Schicksals nicht. Aber er behauptet, dass Schicksal nur das eigene frühere Handeln darstellt. Ein Mensch wird infolge seiner eigenen Taten geboren, nicht wegen seiner Eltern. Oder, genauer gesagt, er bekommt genau die Eltern, welche er verdient:

> Mein Handeln ist mein Besitz; mein Handeln ist mein Vermächtnis; mein Handeln ist das Netz welches mich trägt; mein Handeln ist die Art, zu der ich gehöre; mein Handeln ist meine Zuflucht.[59]

Weiterhin heißt es:

> Alles, was wir sind, ist das Ergebnis davon, was wir gedacht und getan haben.

Die Frage lautet jedoch, ob alles, was wir jetzt tun, in diesem Leben, die Folge davon ist, was wir früher getan haben? Das Konzept des Schicksals lässt noch etwas Platz für freien Willen übrig. Doch lässt die Karma-Lehre im strikten Sinne, wie sie Buddhisten verstanden wissen wollen, noch irgendein Schlupfloch?
Hier befinden wir uns, wie es häufig im Buddhismus der Fall ist, inmitten eines Wirrwarrs einander widersprechender Ansichten. Auf der einen Seite erkennt die buddhistische Ontologie die Existenz eines Handelnden, eines Täters (*kartar*), nicht an:

> Keinen Täter gibt es hier, nichts als die Tat ist anzutreffen.

---

[58] [„Wen Gott verderben will, verblendet er zuvor." Ein von Prometheus gesprochener Satz in dem Gedicht *Die Maske der Pandora* von Henry Wadsworth Longfellow, 1807-1882.]
[59] *Majjhima-Nikaya*, III., S. 203 und *Milinidapanha*, I. S. 101.

Es gibt kein „Selbst", sondern nur eine Abfolge physiopsychischer Phänomene. Wir haben gesehen, dass Wille (*volition*) nur ein weiterer Zustand des Verlangens (*desire*) ist.
Auf der anderen Seite erfahren wir, dass unsere aktuellen Veranlagungen ererbt sind. Ein Mensch ist nicht grausam oder begehrlich, weil er sich dazu entschieden hätte, sondern weil er kurz zuvor ein Tiger oder ein lüsternes Tier war.
Weiterhin haben die Lebewesen keine wirkliche Beziehung zueinander. Sie sind wasserdichte Abfolgen von Gedanken. Jedes von ihnen verzehrt die Früchte seiner eigenen Handlungen. Dementsprechend lehrt Sakyamuni, dass „niemand einem anderen schaden oder nützen kann", denn „das Selbst ist der Beschützer des Selbst: Welchen anderen Beschützer könnte das Selbst haben?" Die mächtigsten Dämonen können einem Menschen nicht schaden, der es nicht verdient hat, von ihnen zerstört zu werden. Und umgekehrt vermag auch der Buddha einem Schüler nicht mit einer Lektion beizustehen, welche der Schüler nicht würdig ist zu empfangen.

Das Problem des freien Willens ist ein schwieriges, aber man kann durchaus sagen, dass der Buddhismus diesem schon in sich selbst schwierigen Problem noch seine eigenen Schwierigkeiten und Widersprüche hinzugefügt hat. Die Schwierigkeiten treten im Buddhismus noch stärker hervor, weil der Buddhismus, während er rundweg Freiheit und Solidarität leugnet, eine Lehre des Bemühens und der Wohltätigkeit ist.
Es stimmt, dass buddhistische Philosophen diese Schwierigkeiten nicht verbergen, aber sie unternehmen auch nichts, um sie aufzulösen.
Es gibt kein Selbst, keine Täter, kein freies Subjekt: *karta svatantro nasti*; es gibt nur eine Abfolge psychischer Zustände. Jeder Buddhist kennt diese essentielle Wahrheit in- und auswendig: nicht nur in den scholastischen Texten, sondern sogar in der

gewöhnlichen Sprache wird das Wort *samtana* oder *samtati*, „Reihe, Abfolge", dafür verwendet, dasjenige zu bezeichnen, was wir „Seele" nennen:

> „Zu jener Zeit wurde die Abfolge, welche wir jetzt Sakyamuni nennen, Sunetra genannt."

> „Wenn die Schriften sagen, dass Bewusstsein (*vijnana*) seinen Wohnsitz im Mutterschoß nimmt, ist damit nicht gemeint, dass ein bewusstes Selbst re-inkarniert, sondern dass eine Abfolge von Bewusstseins-Zuständen sich in einem Embryo weiterentwickelt."

Die buddhistischen Autoren sind sich immer des Umstands bewusst, dass „Seele" nur eine Abfolge bezeichnet. Das hindert sie jedoch nicht daran, zu lehren, dass Bemühung das einzige Mittel zur Erlösung ist. Ohne den Wiedersprüchen irgendeine Aufmerksamkeit zu schenken, fahren sie fort:

> „Die Abfolge muss mittels guter Taten entgegen ihren natürlichen Fluss gewendet werden, infolge eines starken Bemühens; die Abfolge muss von den freudigen Objekten abgezogen werden."

Sie erklären nicht, wie eine nicht-substantielle Abfolge von Gedanken sich gegen die Leidenschaften und Vorurteile wenden kann, welche die Abfolge selbst ausmachen.
So wie einige christliche Philosophen – Calvinisten und Jansenisten – den freien Willen des Menschen stark einschränken oder sogar gänzlich leugnen und nichtsdestotrotz gute „Lehrer der Tat" sind, betonen die Buddhisten unermüdlich die Kultivierung des rechten Bemühens und der Selbstbeschränkung (*samyama*, *samvara*).[60] Die Tugend der Tatkraft (*virya*) ist unabkömmlich, denn der Kampf gegen Lust, Hass und Irrtum ist hart. Sakyamuni

[60] Mrs. Rhys Davids, *Buddhist Psychology*, 1914, S. 37.

war ein „Erleuchteter", ein Buddha; aber er war ebenso ein Held, ein Eroberer, *vira, jina*; und seine Schüler müssen sich eines solchen Königs als würdig erweisen.
Ein sehr erfreulicher Wiederspruch in der Tat.
Ein zweiter Wiederspruch ist nicht weniger auffällig und erfreulich.
Der Buddha ist kein Erlöser.

> Buddha ist nur ein Verkünder; der Pfad der Befreiung steht allen offen; doch gemäß ihren Anlagen werden manche zur Erlösung finden und manche nicht.

Wiederum ist der Umstand, dass wir als Menschen wiedergeboren wurden, in Jambudvipa, in Indien, zu einer Zeit, als der Buddha den Pfad bekannt gemacht hat, das Ergebnis unserer eigenen guten Taten, welche wir während vieler Leben als Menschen angehäuft haben. Aber der Buddha blickte zwei Mal am Tag in alle Richtungen, um zu schauen, ob er einer seiner Mitkreaturen helfen kann. Dank seines „Auges des Buddha" ist er in der Lage, jedwede „Wurzel von Verdienst" zu erkennen, welche irgendein erbärmlicher und elender Mensch zu irgendeiner Zeit in der Vergangenheit aufgebaut haben könnte. Er nimmt jede Mühe auf sich, um diese „Wurzel von Verdienst" durch Predigten oder Wundertaten zur Reife zu bringen. Dank der Kraft seines Mitgefühls vermag er jeden zu bekehren. Seine Schüler sind dazu angehalten, die Tugenden und friedlichen Eroberungen ihres Meisters nachzuahmen. Sie üben sich darin, die beste aller Gaben zu spenden, die Gabe der Lehre (*dharma-dana*); sie müssen Sünder mittels Freundschaft und Wohltätigkeit bekehren und erbauen.
Zusammengefasst gilt: Die Karma-Lehre ist die Wurzel der Moral. Sie erklärt, warum es notwendig ist, „das Übel zu meiden, das Gute zu tun und den Geist zu reinigen"; und „das ist" kurz gesagt, „die Lehre des Buddha". Die Vorstellung, dass unsere Feinde nur die Stellvertreter unserer alten Vergehen sind, wird uns geduldig

und mitfühlend machen: „Meine Feinde fügen sich selbst Schaden zu, wenn sie versuchen, mich zu schädigen; sie fügen mir nicht nur keinen Schaden zu, sondern sie helfen mir sogar." Jedoch gibt es gewisse Konsequenzen aus der Karma-Lehre. Was soll man zur Unmöglichkeit des freien Willens sagen, zur Unmöglichkeit mitfühlenden Handelns? Die Buddhisten sehen diese Konsequenzen und räumen sie ein, denn sie sind aufrichtige Menschen und gute Gelehrte. Aber sie kümmern sich selbst nicht weiter darum; sie schreiben und leben so, als ob sie nichts davon wüssten.

Darin sind sie weise, und sie folgen nur der goldenen Regel von Sakyamuni. Es geschah eines Tages, dass er, befragt zur Karma-Lehre, nüchtern sagte:

> „Meine Lehre ist, Gutes zu tun und Schlechtes zu unterlassen."

Und mehr als einmal wagte er zu sagen, dass diese Lehre für den menschlichen Geist unergründlich und unfassbar sei (*acintya*), denn ein Buddha ist allwissend.

### 4.4 Kosmogonie

Die Vielfalt der materiellen Universen (*bhajanaloka*), einschließlich der Höllen, der Erde mit ihren Pflanzen und den Himmeln, hängt von bestimmten Ursachen ab.

Zuzugeben, dass die Dinge so sind, wie sie sind, weil sie so sind, wie sie sind, dass Lotosblumen Lotosblumen sind und Dornen Dornen, ist die Lehre der Philosophen, „welche den Ursprung aller Dinge dem Zufall" zuschreiben („Zufalls-Entstehungs-Anhänger").[61]

Das ist kein blanker Unsinn. Die Wahrheit ist, dass Handlungen die „Frucht ihrer Vollendung" (*adhipatiphala*) hervorbringen, d. h.

[61] *Dialogues of the Buddha*; I., S. 41 & 71.

sie erschaffen und organisieren die materiellen Dinge gemäß ihrer Vergeltung.
Ein Wesen wird als Gott wiedergeboren – z. B. als Sonnengott – von einer bestimmten Größe, von einer bestimmten physischen Schönheit und Stärke, dazu bestimmt, soundso viele Menschenleben lang zu leben. All diese Vorzüge sind die „gereifte Frucht“ der guten Taten dieses Wesens. Aber dieser Gott muss eine Wohnstätte haben, einen himmlischen Palast – der sich bewegende Wagen, mit einem Durchmesser von fünfzig Meilen, welchen wir die Sonne nennen: Dieser Palast ist die „Frucht der Vollendung“.
Auf dieselbe Weise wird am Anfang einer kosmischen Periode das gesamte materielle Universum durch die „vollendende“ Kraft der Masse der früheren Taten erschaffen, woran sich die zukünftigen Bewohner erfreuen. Die „Behältnis-Welt“ (*bhajanaloka*) ist die „Vollendungsfrucht“ der Masse der Taten aus der Welt der Lebewesen (*sattvaloka*).

### 4.5 Theogonie

Ein weiterer Aspekt von Karma, Karma als gotteserzeugende Kraft, wurde im Brahmanismus nie so betont wie im Buddhismus.
Die Brahmanen wagten es zuweilen, zu denken, dass die Götter nicht ewig oder unsterblich sind. Die Götter haben ihren göttlichen Status durch ihre frommen Taten erreicht, ihre Opfer und ihre Kasteiungen – nicht notwendigerweise durch „gute Taten“. Es ist wohlbekannt, dass viele Götter böse sind, Freude haben am Töten und Stehlen, willkürlich zerstören, und dass Sakyamuni sein Möglichstes tat, um sie zu zähmen. Die Götter sterben, wenn ihr Vorrat an Göttlichkeit aufgebraucht ist, gerade durch das Genießen der himmlischen Freuden: Sie sind die glücklichen oder eher unglücklichen Besitzer eines Chagrinleders, und wie der Held von Balzac wissen sie, dass es sie hineinzieht.
Weiterhin müssen die brahmanischen Götter um das Leben kämpfen, um ihr göttliches Leben. Während sie sich an ihren Kräftere-

serven erfreuen, gibt es in der großen weiten Welt Asketen, welche Sühne und Verdienste anhäufen, Sühne und Verdienste, welche, dem Wunsch der Asketen folgend, in Göttlichkeit auf Kosten der aktuellen Götter umgewandelt werden könnten. Die Götter verteidigen sich, so gut es ihnen möglich ist. Das Epos *Mahabharata* enthält viele Geschichten von Versuchungen, wenn die Götter durch die anhaltende Strenge eines Asketen unruhig werden, göttliche Freudenmädchen zu ihm herab senden, um seine fromme Übung zu durchbrechen. Ein gefährliches Unterfangen: Sakuntala, das bezauberndste Kind der indischen Fantasie, wurde unter solchen Umständen geboren, aber Menaka, ihre Mutter, kam dabei um. Sakyamuni selbst wurde von den Töchtern Maras versucht, dem Gott der Liebe und des Todes.

Aber diese Theogonie in Begriffen von Verdienst, Sühne oder Opfer ist im Brahmanismus nur eine theoretische Sichtweise und ein literarisches Thema. Es gefährdet nicht die traditionelle Mythologie oder den Status der höchsten Götter, sei es Brahma, Visnu oder Siva – so viele Namen für das Absolute.

Im Buddhismus hingegen betreffen Karma und Wiedergeburt alle Lebewesen, sowohl in der Theorie wie in der Praxis.

Die Stellung der Götter ist, verglichen mit derjenigen der buddhistischen Heiligen, eine untergeordnete. Es stimmt, dass die Taten, welche zur gegenwärtigen Freude und Macht der Götter geführt haben, gute Taten waren; aber diese Taten waren von „weltlichen“ Beweggründen motiviert: Die Götter haben diejenige Vergeltung erfahren, nach der sie gestrebt haben: *vanu vanam*. Ein Mönch, der seine Laufbahn zu einem erhabeneren Ziel begonnen hat – Nirwana –, steht weit über den Göttern, selbst was die Magie betrifft.

Was Brahma betrifft, der gemäß den Brahmanen Isvara ist, der Herr, der universelle Souverän, der sich um alles kümmert, der die Handlungen registriert und die Wiedergeburt der individuellen Lebewesen regiert, der die stufenweise Erschaffung des Kosmos entworfen hat nach den Perioden des Chaos – so erkennen ihn die Buddhisten nicht an. Sie wissen, dass eine unendliche Anzahl von Göttern, alle mit dem Titel Brahma, aber auch einem jeweils eigenen Namen, nacheinander regiert haben, während jedes kosmischen Zeitalters (*kalpa*) einer. Solche Götter sind große Götter; sie genießen die Früchte aller ihrer guten Taten, die Früchte sehr weitreichender und mit Mitgefühl durchsetzter Meditationen. Sie sind gewissermaßen geistige, ungeschlechtliche Götter, aber in keiner Weise Herrscher über die Welt, Schöpfer, oder über die Vergeltung der Taten erhaben.

Wenn zu Beginn einer kosmischen Periode,[62] nach dem Chaos, der mindere Teil des Universums wiedererrichtet wird, ist der Himmel oder Palast von Brahma der erste Teil der Umwelt, welche erscheint als Vollendungsfrucht der Handlungen des Wesens, welches für diese Periode Brahma ist. Dann wird Brahma in seinem Palast geschaffen. Da er sich nicht an seine früheren Existenzen erinnert, neigt er zu dem Glauben, er wäre selbst-existent (*svayambhu*). Nach einer Zeit wird er der Einsamkeit überdrüssig. Er denkt, dass Diener und Begleiter erfreulich wären, und im selben Moment werden die Begleiter von Brahma geschaffen. Das heißt genauer, entsprechend der besonderen Beschaffenheit ihrer eigenen Taten werden gewisse Wesen im Palast von Brahma geboren. Brahma denkt natürlich, er hätte sie erschaffen, und sie wiederum glauben, dass sie von Brahma erschaffen wurden. Sie verehren Brahma, und diese Religion des Brahma wurde unter den Menschen verkündet.

Dies bringt folgende Geschichte zum Ausdruck:[63]

> Es war einmal ein Mönch, der sich, entgegen der Lehre des Meisters, an kosmologischen Untersuchungen erfreute. Um herauszufinden, wo die Welt zu Ende sei, begann er, weit in

---

[62] Siehe den Artikel „Kosmologie" in Hastings, *E. R. E.*

[63] *Dialogues of the Buddha*, I., S. 280.

den Himmelsraum zu reisen, und befragte nacheinander die Götter der aufeinanderfolgenden Himmel. Die Götter „Diener der Könige der vier Himmelsrichtungen“ sagten zu ihm: „Fragt die Könige der vier Himmelsrichtungen.“ Die vier Himmelskönige sagten zu ihm: „Fragt die 33 Götter.“ ... Schließlich kam der Mönch im Himmel der Diener von Brahma an. Sie sagten: „Wir wissen nicht, o Mönch, wo die Welt endet. Aber da ist Brahma, der große Brahma, der überragende Eine, der Allmächtige, der Alles-Sehende, der Herrscher, der Herr von Allem, der Regent, der Schöpfer, der Herr über Alles, der jedem seinen Platz zuweist, der Alte der Tage, der Vater von Allem, was ist und sein wird. Er wird es wissen.“ Der Mönch fragte: „Wo finde ich diesen großen Brahma jetzt?“ Die Götter sagten: „Wir wissen nicht, o Mönch, wo Brahma ist, oder warum Brahma ist, oder wann Brahma ist. Aber er kann plötzlich erscheinen.“ Und es dauerte tatsächlich nicht allzu lange, als Brahma erschien und der Mönch ihn fragte, wo die Welt zu Ende sei. Brahma antwortete: „Ich bin der große Brahma ... der Vater von Allem, was ist, und Allem, was sein wird.“ Der Mönch erwiderte: „Ich frage Euch nicht, Freund, ob Ihr wirklich all das seid, was ihr sagt. Aber ich frage Euch, wo die vier großen Elemente – Erde, Wasser, Feuer und Luft – enden, ohne eine Spur zu hinterlassen.“ Daraufhin fasste der große Brahma den Mönch am Arm, nahm ihn zur Seite und sprach: „Diese Götter, meine Diener, denken von mir, dass es nichts gäbe, was ich nicht sehen könnte, verstehen könnte, tun könnte. Darum habe ich nicht in ihrer Gegenwart geantwortet. Aber ich weiß nicht, wo die Welt zu Ende ist ... Geht nun, kehrt zurück zu Eurem Herrn, stellt ihm die Frage und akzeptiert die Antwort, die er euch gibt, wenn er denn antwortet.“ Der Mönch kehrte zurück zu Sakyamuni, wel-

> cher ihm sagte: „Früher war es eine Gewohnheit unter Seefahrer-Händlern, wenn sie sich auf eine Ozean-Reise begaben, einen Landvogel mitzunehmen ... Solch ein Vogel würde gen Osten fliegen und gen Süden ..., und wenn kein Land in Sicht käme, würde er zum Schiff zurückkehren. Ebenso, o Mönch, komme zu mir zurück, wenn du irgendwo eine Antwort auf diese Frage gefunden hast, bis hinauf zur Welt von Brahma."

Sakyamuni ist die einzige Quelle der Wahrheit. Es ereignete sich, dass der Gott Indra einige Mönche traf, und er wunderte sich über die Weisheit ihrer Reden. „Ihr habt hier", sagte er, „eine feine Lehre. Habt ihr sie selbst entdeckt?" Die Mönche antworteten:

> „Wo man in der Nähe eines großen Kornspeichers Menschen Korn tragen sieht, einige in Körben, andere in ihren Kleidern, manche mit ihren Händen, ist es nicht schwer zu erraten, woher das Korn stammt. Auf die gleiche Weise stammt jede wahre und heilsame Rede (*subhasita*) vom Herrn Sakyamuni."[64]

[64] *Anguttara-Nikaya*, IV., S. 163.

# 5. *Nirvana*

## 5.1 Einleitung

Der ältere Buddhismus, genauer gesagt der Buddhismus der alten Texte, ist fast ausschließlich eine Erlösungslehre, Erlösung von Wiedergeburt und Tod, Erlösung von Seelenwanderung. Wie andere Erlösungslehren, z. B. die Lehren der Upanischaden oder des Samkhya, gründet er in einer pessimistischen Weltsicht.

Der indische oder buddhistische Pessimismus wird oft als eine natürliche Folge des Glaubens an die Seelenwanderung angesehen. Viel wurde zu diesem Thema schon geschrieben – zuweilen wohl eher „unverständig", wie es E. J. Thomas ausdrücklich behauptet.[65] Indien als Ganzes hat niemals so, wie es war, von der Vorstellung von Wiedergeburt und Tod halluziniert. Die gewöhnlichen religiösen Menschen haben vom Paradies geträumt, dem ewigen Paradies. Und es gab von Anfang an, Seite an Seite mit der buddhistischen Erlösungslehre, eine buddhistische Religion, einen moralisierten Hinduismus. Die Lehren der Seelenwanderung selbst eröffnen wunderbare Möglichkeiten: Wiedergeburt meint nicht notwendigerweise eine Wiedergeburt als Höllenwesen, als Tier, Geist oder elender Mensch. Das *Satapathabrahmana* sagt ausdrücklich, dass Wiedergeburt in dieser Welt eine Belohnung ist.[66] Die sogenannten „schlechten Zustände" (*durgati*) sind nicht ohne die ihnen eigene Befriedigung: Eine Schlange oder ein Geist zu sein, der über große magische Kräfte verfügt, ist alles andere als jämmerlich. Aber der offensichtlichste Beweis dafür, dass die buddhistischen Mönche sich nicht vor der Wiedergeburt fürchteten, besteht darin, dass sie eine Anzahl von Himmeln ersonnen haben, für jede Gemütsart den passenden: erfreuliche und meditative Himmel. Sie wussten besser als die Brahmanen selbst um den

---

[65] *Buddhist Scriptures*, S. 20

[66] [Ein Text des Weißen Yajurveda.]

Weg, der zu Brahma führt! In einem Wort, Seelenwanderung bedeutet Tod und wiederum Tod, aber auch unerschöpfliches Leben. Jedoch gab es zu der Zeit von Sakyamuni viele Menschen, für welche die Vorstellung vom Tod nicht akzeptabel war. Warum dies so war, infolge welcher klimatischen, rassischen und sozialen Umstände, ist ein Rätsel und wird es bleiben. Aber das Fakt des Todes ist ohne Zweifel und wird anschaulich durch einen simplen Ausspruch der alten buddhistischen Literatur illustriert, der wie eine große Entdeckung wirkt: „Das Leben endet wahrhaftig im Tod.“[67]

Sakyamuni lehrt, dass der Ozean nicht groß und tief genug ist, um die Tränen von Millionen von Existenzen zu fassen, welche die Augen der Menschen verströmt haben. Er tröstet eine Mutter, welche gerade auf dem Opferfeuer ihre Tochter verbrannte, die ironischerweise den Namen Jiva bzw. Leben getragen hatte, indem er ihr erzählt, dass sie bereits verbrannt wurde, tausende Male, an derselben Stelle, dieselbe Tochter.

Es gibt keine Seligkeit im Leben.

> Dann fragte ich sie: „Könnt ihr behaupten, dass ihr selbst nur eine ganze Nacht, einen ganzen Tag oder auch nur eine halbe Nacht, einen halben Tag, vollkommen glücklich gewesen wart?“ Und sie antworteten: „Nein.“

Die Buddhisten gehen soweit zu leugnen, dass *susupti*, der in den Upanischaden gepriesene Tiefschlaf, frei von Leiden ist; sie würden dem großen König die wenigen Stunden Erholung verweigern, welche der Sokrates der *Apologie* ihm zugestehen würde.

---

[67] Es sei nebenbei angemerkt, dass dieser Satz den ersten Übersetzern tatsächlich zu simpel erschien, und durch eine falsche Trennung der Wörter verwandelten sie ihn in „Das Leben ist wahrhaftig der Tod“. (*Dhammapada.* S. 148; *Samyutta-Nikaya*, I., S. 97).

> Dann sprach ich zu ihnen: „Kennt ihr einen Weg oder eine Methode, durch die sich ein vollkommen glücklicher Zustand verwirklichen lässt?“ Und auch auf diese Frage war ihre Antwort: „Nein.“[68]

Kurzum: Es gab viele Menschen, Männer und Frauen, Junge und Alte, Edle und Ausgestoßene, Händler und Diebe, welche lernten, die trivialen Freuden des Daseins zurückzuweisen, die sich nach vollkommener Seligkeit sehnten und danach verlangten, sie zu erreichen. Befreiung von Wiedergeburt erschien ihnen als ein erstrebenswertes Ziel.

Befreiung oder Nirwana ist die zentrale Idee der Lehren von Sakyamuni und der Daseinszweck (*raison d'être*) des religiösen Lebens:

> „Wie der große Ozean, o Mönche, nur einen Geschmack hat, den Geschmack des Salzes, so auch, o Mönche, haben diese meine Lehre und Gebote nur einen Geschmack, den Geschmack der Befreiung.“[69]

Daher sollten wir vermuten dürfen, dass wir großzügig mit Definitionen versorgt sind, was Nirwana ist, und es keinen Zweifel an der tatsächlichen Bedeutung des Wortes geben sollte.

Und wirklich wissen wir so gut wie die Buddhisten selbst, was Nirwana ist, und es ist nicht unsere Schuld, wenn wir nicht dazu in der Lage sind, eine unzweifelhafte Äußerung dazu abzugeben. Die Buddhisten waren mit Beschreibungen zufrieden, welche uns nicht genügen.

Auf der einen Seite sind wir über Jahrhunderte dazu angeleitet worden, unsere Vorstellungen so klar wie möglich zum Ausdruck zu bringen; in Indien war dies nicht der Fall. Der Historiker muss nicht mit lateinischen Anmerkungen arbeiten, welche von nüch-

---

[68] *Dialogues of the Buddha*; I., S. 287.

[69] *Cullavagga*, IX., I., 4.

ternen und klar denkenden Gelehrten gemacht wurden, sondern mit indischer „*philosophumena*",[70] zusammengebraut von Asketen, die wir sogleich beschreiben werden: Männer, die von einer strengen Diät erschöpft und häufig durch ekstatische Praktiken wie betäubt waren. Die Inder treffen keine klare Unterscheidung zwischen Gedanken (*ideas*) und Worten; sie haben den Satz vom Widerspruch niemals klar erkannt.

Buddhistische Dialektik hat ein vierteiliges Dilemma: Nirwana ist Sein oder Nicht-Sein, oder sowohl Sein als auch Nicht-Sein, oder weder Sein noch Nicht-Sein. Wir sind hilflos.

Wir sind darauf vorbereitet, zuzugeben, dass es Grade des „Seins" geben kann, *pleroma* und *kenosis*.[71] Aber unsere logischen Kategorien sind nicht zahlreich genug für eine Theorie mit Graden wie „Leerheit" oder „Nicht-Existenz", wie Matrceta sie aussagt:

> „Auch andere haben die gleiche Befreiung bzw. Nirwana erlangt; aber in Buddha ist die Überlegenheit am größten. All die Befreiten sind leer, aber dies lässt Raum für die Überlegenheit des Buddha: Die Leere einer Pore der Haut ist nur ein armseliger Vergleich für die große Leere des Himmels."[72]

---

[70] [*Philosophumena* ist der Titel einer frühchristlichen Schrift aus dem 3. Jh., in welcher der mutmaßliche Verfasser Hippolyt von Rom sich gegen konkurrierende Weltanschauungen und Lehren wendet.]

[71] [*Pleroma*, wörtlich „Fülle", gnostischer Begriff, Sitz der Gottheit, lebendige Wirklichkeit. *Kenosis*, „Leer-Werden, Entäußerung" bei Paulus sowie als *Kenoma* Gegenbegriff zu Pleroma.]

[72] *Varnanarhavarnana*, I., 10-11, editiert von F. W. Thomas, *Indian Antiquary*, 1905, S. 145, sowie *Manuscript Remains* von Hoernle, S. 78. [Matrceta, indischer Mönch des 3. Jh.; *Varnanarhavarnana* ist der tibetische Titel für *Catuhsataka*, nicht zu verwechseln mit dem gleichnamigen Werk von Aryadeva. Siehe den Eintrag im *Princeton Dictionary of Buddhism*. F. W. Thomas = Frederick William Thomas, 1867-1956, englischer Indologe und Tibetologe. Hoernle = August Friedrich Rudolf Hoernle, 1841-1918, deutsch-britischer Orientalist und Missionar.]

Zudem betrachten wir die buddhistischen Lehren von außerhalb. Wo Nirwana für uns ein Objekt von rein archäologischem Interesse ist, ist es für die Buddhisten von höchst praktischer Bedeutung. Unsere Aufgabe besteht darin, zu studieren, um was es sich bei Nirwana handeln könnte; die Aufgabe eines Buddhisten ist es, Nirwana zu erreichen.

Vergleiche sind irreführend, dennoch soll die *Imitatio Christi* zitiert werden:[73] „Was nützt es, die Heilige Dreifaltigkeit zu verstehen, wenn wir das Missfallen der Heiligen Dreifaltigkeit erregen?" Wir sollen Gott gefallen und nicht seine innere Beschaffenheit verstehen. In ähnlicher Weise hat Sakyamuni Diskussionen das Nirwana betreffend untersagt. Für einen Buddhisten ist es nicht entscheidend, zu wissen, was Nirwana ist, sondern es zu erreichen. Eine Untersuchung das Nirwana betreffend könnte sich als desaströs [für den Adepten] erweisen. Als Studenten der Geschichte hingegen besteht die einzige Gefahr für uns darin, dass uns Fehler [in unseren Schlussfolgerungen] unterlaufen, was wir uns jedoch zugestehen können.

## 5.2 Etymologie und Bedeutung des Wortes Nirwana

Die ursprüngliche Bedeutung dieses berühmten Wortes scheint zweifach zu sein: Auf der einen Seite meint es „kalt werden, abkühlen"; auf der anderen Seite bedeutet es „ausblasen", „verlöschen". Es gibt das Nirwana eines durstigen Menschen ebenso wie das Nirwana einer Kerze.[74]

Somit haben wir zwei Entwicklungsrichtungen der religiösen und philosophischen Bedeutung des Wortes. Abkühlung, Erfrischung, die Erquickung eines Menschen, der leidet, das Abkühlen eines Menschen, der unter heißer Begierde steht, Trost, Frieden, Heiterkeit, Seligkeit. Auch Auslöschung, Abtrennung oder Auslöschung

[73] [Berühmtes Werk von Thomas von Kempis, 1380-1471, und ein zentrales Motiv christlicher Spiritualität.]

[74] Siehe den Artikel „Nirvana" in Hastings, *E. R. E.*

des Feuers der Leidenschaft, Nicht-Unglücklichsein oder Auslöschung des Leidens, Vernichtung oder Auslöschung der individuellen Existenz.

Jede Metapher ist geeignet, um zwei verschieden Konzepte zu illustrieren.

Auf der einen Seite bedeutet Nirwana so viel wie Heiligkeit (*arhattva*). Denn ein Heiliger ist kalt geworden (*sitibhuta*), er brennt nicht mehr durch das Feuer der Leidenschaften, er hat dieses Feuer gelöscht. Auf der anderen Seite ist Nirwana das endgültige Ende eines Menschen, der Status eines Heiligen nach dem Tod.

Denn Nirwana kann Abkühlen des Leidens bedeuten – eine ewige Erfrischung – oder Auslöschung der Existenz.

In der Pali-Literatur ist es nicht immer offensichtlich, ob das Wort Nirwana (Nibbana) und seine zahlreichen Synonyme „Heiligkeit" meint, das heißt den Status eines lebendigen Heiligen, oder den Status eines Heiligen nach dem Tod. Auf der anderen Seite bedeutet Nirwana in der Sanskrit-Literatur des Buddhismus im Allgemeinen den Zustand des Heiligen nach dem Tod. Wir werden den Begriff Nirwana in dieser Bedeutung verwenden und mit Heiligkeit den Status einen lebendigen Heiligen bezeichnen.

Zwei Punkte stehen außer Frage:

1. Nirwana ist das höchste Gut (*summum bonum*).
2. Nirwana eignet den Heiligen und nur den Heiligen.

Betrachten wir den Tod eines gewöhnlichen Menschen und den Tod eines Heiligen. Menschen, die zum Zeitpunkt des Todes noch über Begierde verfügen und ihr vergangenes Karma noch nicht aufgelöst haben, werden entsprechend ihrer Verdienste oder Vergehen wiedergeboren. Sie setzen die Seelenwanderung fort. Ein Heiliger muss nicht wiedergeboren werden. Er ist über Geburt, Alter und Tod hinausgegangen; in formaler Sprache:

„Er hat Wiedergeburt zerstört; er hat das religiöse Leben geführt; er hat getan, was getan werden muss; er hat nichts mehr mit dem Leben hier zu schaffen.“[75]

So viel ist gewiss.

Es kann jedoch behauptet werden, dass (1) der tote Heilige ausgelöscht ist, abgeschnitten, nicht weiter existiert; oder (2) dass er einen unsterblichen Zustand erreicht hat; oder (3) dass wir nur vermuten können, dass er von der Wiedergeburt befreit worden ist, ohne jedoch in positiver Weise aussagen zu können, was Befreiung genau meint.

Mit anderen Worten, Nirwana ist entweder Auslöschung, oder Unsterblichkeit, oder eine „unbestimmte Befreiung“, eine Befreiung über die wir keine Aussagen treffen können.

Es ist ziemlich sicher, dass seit frühester Zeit für jede dieser drei Optionen Anhänger unter den Buddhisten gab. Entscheidend ist, die relative Wichtigkeit dieser einander widersprechenden Ansichten zu erfassen, und zu klären, welches die vorherrschende Lehre der Schriften und die Leitidee des buddhistischen religiösen Lebens sind.

### 5.3 Vernichtung

Das Nirwana Vernichtung bedeutet ergibt sich – zumindest für uns – aus den grundsätzlichen Prinzipien der buddhistischen Philosophie sowie durch eindeutige Aussagen.

Es gibt nichts Dauerhaftes im Menschen. Der Mensch ist ein Komplex körperlicher und geistiger Komponenten, welche einen pyscho-physischen Organismus bilden. Im Falle von Menschen,

---

[75] Es gibt in den Pali-Schriften zwei Formeln. Die erste, von der wir denken, dass sie die ältere ist, wurde oben übersetzt und lautet *naparam itthataya*; sie hebt hervor, dass der Heilige nicht in dieser Welt wiedergeboren wird. Die zweite lautet *n'atthi tassa punabbhavo* und sagt aus, dass der Heilige nicht wiedergeboren wird. Im Sanskrit-Kanon wird die erste Formel wie folgt wiedergegeben: *naparam asmad bhavat prajanami*; ebenfalls eine klare und entschiedene Verneinung der Wiedergeburt.

die keine Heiligen sind, wird dieser Organismus mit dem Tod und wenn der Körper stirbt nicht abgeschnitten, denn infolge von Verlangen und Karma setzt er sich in einem neuen Organismus fort, dem Erben des vorherigen. Nun stelle man sich vor – wie es beim sterbenden Heiligen der Fall ist –, dass das Verlangen vernichtet wurde und kein Karma mehr vorhanden ist, welches erfahren werden müsste (*vedaniya*): dann gibt es auch keine Grundlage mehr für eine Wiedergeburt. Es wird keinen neuen Komplex körperlicher und geistiger Komponenten geben, welcher wiedergeboren wird, wenn der Heilige stirbt. Und es ist keinerlei Existenz außerhalb dieser Komponenten möglich: Die buddhistische Kritik hat eifrig alle mystischen oder psychischen Sachverhalte vernichtet – die Vorstellung einer transzendenten Seele (Samkhya), die Vorstellung eines immanenten Absoluten (Upanischaden, Vedanta) –, welche die Vorstellung eines Überdauerns in irgendeiner Art und Weise unterstützen könnten.

Darüber hinaus ist es sicher, dass die Buddhisten – ich meine diejenigen Buddhisten, welche die Schriften verfasst haben – sich der Konsequenzen dieses Dogmas der Selbstlosigkeit wohlbewusst waren. Wenn die Frage nach dem Fortleben der Heiligen diskutiert wird, erfolgt die Antwort häufig – häufig, nicht immer – mittels der Worte, die wir schon angeführt haben: „Jedwede Materie oder Körper (*rupa*), welche man als Materie oder den Körper des Heiligen bezeichnen könnte, existiert nicht mehr." Und ebenso mit den unkörperlichen (*arupa*) Bestandteilen des menschlichen Organismus: „Irgendeine Wahrnehmung oder dergleichen, welche man als die Wahrnehmung des Heiligen bezeichnen könnte, existiert nicht mehr." Und andernorts: „Darum, wenn ich gefragt werden sollte, ob der Heilige mit dem Tod verschwindet oder nicht, werde ich antworten: Der Körper ist vergänglich."[76]

[76] *Samyutta-Nikaya*, IV, 374 und an anderen Stellen.

Man kann nicht von einem Wagen sprechen, wo es keine Achse, keine Deichsel oder irgendeinen anderen Bestandteil des Wagens gibt. Auf dieselbe Weise gibt es keinen Heiligen, wo es keine Elemente gibt, welche die Pseudo-Individualität eines Heiligen ausmachen.[77]

Es kann daher als sicher ausgesagt werden, dass Nirwana Vernichtung bedeutet.
Impliziert dies aber auch, dass Buddhisten nach Auslöschung streben? Nicht direkt. Die Gelehrten, welche behaupten, dass Nirwana vor allem als Vernichtung anzusehen sei, sagen nicht, dass ein Mönch das religiöse Leben führt, um im Tod die Auslöschung zu erreichen, sondern er führt das religiöse Leben, um im Leben ein Heiliger zu werden. Heiligkeit ist das Ziel. Heiligkeit ist das höchste Gut bzw. *summum bonum*, Befreiung, Nirwana.
Mit den Worten von Rhys Davids ist die Befreiung, welche Sakyamuni predigt, „eine Erlösung von den Sorgen des Lebens, welche hier auf Erden durch einen veränderten Zustand des Geistes erreicht werden muss".[78] Die Hoffnung eines Mönchs ist es, „einen Zustand anhaltenden Glücks und Friedens zu erreichen, hier auf der Erde, und zwar durch die Auslöschung der Feuer von Lust, Hass und Unwissenheit".
„Ein anhaltender Zustand des Glücks ..." von dem Moment an, an dem die Heiligkeit erreicht ist, bis zum Augenblick des Todes. Damit wäre der Buddhismus nur eine Lehre von einem glücklichen Leben hier auf Erden.

[77] Der Yamaka-Dialog (*Samyutta-Nikaya*, III, S. 109, siehe die Übersetzung von Warren, S. 139 von Oldenberg, Übersetzung von Foucher, S. 279) ist nicht, wie Oldenberg meint, ein Beweis gegen die Lehre der Vernichtung. Im Gegenteil: *Udana*, VIII, 3 (*Itivuttaka*, § 43), welches Oldenberg in der Bedeutung von Vernichtung sieht, ist keineswegs klar.
[78] *Manual of Buddhism* (1877), S. 110-115; *Hibbert Lectures* (1881), S. 161, 253. Vergleiche Childers (1875), S. 208. [Robert Caesar Childers, 1838-1876, englischer Orientalist und Ersteller des ersten Pali-Englisch Lexikons.]

Unsere Meinung ist, dass diese Aussagen weit am Ziel vorbeigehen. Aber es ist nur fair zuzugeben, dass vieles für sie spricht und sie in einigen Punkten sogar zutreffen. Wir müssen ehrlich zugeben, dass Heiligkeit – in Verbindung mit Auslöschung – für viele Mönche das Leitmotiv ihres religiösen Lebens dargestellt haben mag und es noch tut.
Gemäß den philosophischen Lehren des Buddhismus auf der einen Seite, bedeutet Wiedergeburt – im strengen Sinne – Leiden; auf der anderen Seite existiert der Heilige nach dem Tod nicht mehr. Nachdem so das Leben nach dem Tod von keinerlei Interesse mehr für den Buddhisten ist, musste er sich nur noch um ein höchstes Ideal von Glückseligkeit in diesem Leben kümmern. Und das tat er auch. Es ist ein professionelles Glück. Die Mönche, Praktiker der Heiligkeit – d. h. völlige Loslösung, geistige und moralische Empfindungslosigkeit – neigten dazu, Heiligkeit zum eigentlichen Hauptzweck ihrer Lehre zu machen. Sie waren nicht umsonst Hindus bzw. Inder.
Indien war immer voller Ehrfurcht und Bewunderung für die Asketen und Ekstatiker, welche eine gründliche Ruhe erlangt hatten, eine vollkommene Apathie, unempfänglich gegenüber Freuden und Leiden und dadurch durch und durch zufrieden. Solche Menschen waren das natürliche Erzeugnis des indischen Bodens. Sie waren die Vorlage für die Brahmanen und die buddhistische Heiligkeit.
Die Brahmanen haben eine metaphysische Interpretation des ekstatischen Heiligen entworfen. Sie nennen ihn einen *Jivanmukta*, einen „zu Lebzeiten Befreiten“, und behaupten, dass er tatsächlich gleichzusetzen ist mit Brahman, d. h. dem immanenten Absoluten.
Die Buddhisten haben als Ausgangspunkt denselben Typus des Heiligen; sie versuchen sich jedoch nicht an einer metaphysischen Interpretation. Sie sind zufrieden mit einem Studium der psychologisch wahrnehmbaren Umstände. Kurz gesagt ist der buddhisti-

sche Heilige in diejenige Versenkung eingetaucht, „in welcher Wahrnehmungen und Gefühle vernichtet sind".
Während er in Versenkung ruht, ist der Heilige glücklich. Wenn er seine Augen zuweilen für das Spektakel der Welt öffnet, ist er ebenfalls glücklich. Er kontempliert von den Küsten der Insel der Heiterkeit aus die leidvollen Unruhen der Menschen: er ist frei, sie liegen in Ketten durch ihre Begierden. Er erfreut sich an einem der delikatesten Vergnügen menschlichen Daseins, der Freude der Selbstgenügsamkeit verbunden mit Altruismus. Er sagt, im Stile des lukretischen Weisen:

> Der Weise, der die stufenweisen Ebenen der Weisheit erklommen hat, blickt herab auf die Narren; heiter blickt er auf die sich abmühende Menge, als einer, der auf einem Berge steht, blickt er herunter auf die diejenigen, welche in der Ebene stehen.

Ein erhabenes Vorbild dieser heiteren Zufriedenheit hat Sakyamuni gegeben. Eine Aura des Geheimnisvollen fehlt ebenfalls nicht. Neophyten verlangen nach einer solchen Zufriedenheit, einer solchen Vollkommenheit. Wie Sakyamuni zu werden ist alles andere als ein durchschnittliches Vorhaben.
Es mag darauf gedrängt werden einzuräumen, dass Heiligkeit sich selbst Belohnung genug sein müsse, da ein Ende in Vernichtung keine erfreuliche Aussicht darstellt.
Aber die Gelehrten, welche Nirwana mit Vernichtung gleichsetzen, würden erwidern:
1. Vernichtung bedeutet das Ende der Leiden des Daseins, und Buddhisten sind Pessimisten, Buddhisten sind krank vom Dasein.[79]

[79] Miltons Strophen sind nicht buddhistisch: „Denn wer möchte, obgleich voller Schmerz, dieses Dasein verlieren, diese Gedanken, welche die Ewigkeit durchwandern?"

2. Indische Philosophen verwenden nicht viel Aufmerksamkeit auf das Überleben eines persönlichen Bewusstseins, welches für uns ein notwendiges Charakteristikum des Überlebens darstellt oder sogar Überleben selbst bedeutet. Für die strengen Vedantin bedeutet Nirwana (*brahmanirvana*) das Ende der Illusion der Individualität; für die Anhänger des Samkhya bedeutet Nirwana die ewige Trennung (*kaivalya*) der Seele, des ewigen Nicht-Bewussten. Wenn die Buddhisten daher einräumen, dass Nirwana die Vernichtung bedeutet, gehen sie nur noch einen Schritt in der gleichen Richtung weiter.

Dann wiederum ist es doch so, dass die Menschen ihre Vorstellungen von einem Ideal der Glückseligkeit in einem Leben nach dem Tod anhand ihres Ideals der Glückseligkeit hier auf Erden ausarbeiten. Entsprechend dem buddhistischen und indischen Standard besteht die höchste Glückseligkeit eines Menschen darin, diejenige Versenkung zu erreichen und darin zu verweilen, in welcher „Empfindungen und Wahrnehmungen vernichtet bzw. aufgehoben sind“. Tatsächlich ist es so, dass Vernichtung (*uccheda*, *nirodha*) die endlose Fortsetzung dieses Versenkungs-Zustandes darstellt. Darum ist Vernichtung ein Zustand und auch ein glücklicher Zustand.

3. Nichtsdestotrotz waren die indischen Asketen Menschen; und Menschen trachten nach Unsterblichkeit, nicht nach einem unvergänglichen Tod, sondern nach einem unsterblichen Leben. Es gab jedoch ein Mittel, ein in der Tat hervorragendes Mittel, um die Bedürfnisse des Herzens zu befriedigen und gleichzeitig das Dogma der Vernichtung beizubehalten.

Der Tod hat für junge Menschen nichts Abschreckendes, welche noch das ganze Leben vor sich haben, welche nicht verstehen, dass „das Leben im Tod endet“. Auf dieselbe Weise wird die Vernichtung durch Nirwana leichter akzeptiert, wenn das Nirwana hinausgeschoben wird.

Der Mönch kann einige Existenzen benötigen, um Nirwana zu erreichen.
Zu Beginn erreichten nahezu alle Schüler von Sakyamuni die Heiligkeit, um mit dem Tod ausgelöscht zu werden. Aber schon bald wurde eine neue Theorie formuliert, der zufolge das Erreichen des Zustands der Heiligkeit mehr als nur eine lebenslange Praxis erfordert und darum Schritt für Schritt verwirklicht werden muss. Es gibt Adepten auf dem Weg zur Heiligkeit, welchen sieben oder weniger Existenzen – menschliche oder himmlische – erlaubt sind, um ihren Weg zu vollenden.
Es ist bemerkenswert, dass der Brahmanismus eine ähnliche Theorie der stufenweisen Erlösung aufgebaut hat. Parallel zum „Verschmelzen mit Brahman in diesem Leben“ – die einzige Lehre, welche aus den ältesten Texten bekannt ist – errichteten die Vedantin eine Lehre, welche über mehrere Stufen zur Befreiung führt (*kramamukti*).
Die Gründe für diese neue Abweichung waren zweifellos vielfältig. Ein Grund war, dass das Erreichen der Heiligkeit als eine schwierige Angelegenheit galt. Ein weiterer, und vermutlich stärkerer Grund war, dass die Mönche tatsächlich froh darüber gewesen sind, das Nirwana zu verschieben. Ein „halber Heiliger“ wird mit Gewissheit letztlich das Nirwana erreichen und zugleich mit Sicherheit noch einige freudvolle Wiedergeburten vor sich haben. Sein Los ist in der Tat ein glückliches.
Der Neo-Buddhismus (Mahayana) ist noch sehr viel weiter hierin gegangen. Nirwana wurde in eine ferne Zukunft verlegt. Gemäß dem Lotos des Guten Gesetzes muss ein Mensch zum Erreichen des Nirwana zuerst die Buddhaschaft erlangen, und um ein Buddha zu werden, sind tausende und abertausende von mühsamen und wohltätigen Existenzen notwendig. Auf diese Weise gelang es dem Buddhismus, wenn auch nicht die Kenntnis von Nirwana selbst, so doch Nirwana als praktisches Ideal loszuwerden. Der

Ausgangspunkt dieses Wandels findet sich in der alten Lehre von den Stufen zur Heiligkeit.

### 5.4 „Unqualifizierte Erlösung“

Die vorangehenden Bemerkungen sind der Sichtweise von Childers, Rhys Davids, Pischel und anderen Gelehrten gerecht geworden. Wir glauben jedoch nicht, dass ihre Definition, welche sie vom Ziel des buddhistischen Lebens gegeben haben, d. h. von der Heiligkeit verbunden mit Auslöschung, die korrekte Vorstellung von Nirwana vermittelt.

Es ist richtig, dass gemäß den doktrinären Lehren im strengen Sinne ein Heiliger mit dem Tod ausgelöscht ist. Es ist richtig, dass es kategorische Aussagen in dieser Hinsicht gibt, und Max Müller hatte Unrecht, wenn er leugnete, dass das Nirwana im Sinne der Auslöschung ein Dogma des Buddhismus sei. Es ist ein Dogma des Buddhismus. Aber der Buddhismus ist keine Orthodoxie, kein kohärentes System von Glaubenssätzen. Er ist vielmehr eine praktische Lehre, ein Training; und in dieser Disziplin ist die Aussage „Nirwana-Vernichtung“ hauptsächlich ein Ergebnis philosophischer Untersuchungen und daher eine Lehre von untergeordneter Bedeutung.

Diese Auffassung war kein „ursprünglicher Zweck“ des Buddhismus, keine Lehre, auf welche Sakyamuni abzielte. Sakyamuni begann nicht mit solch einer Vorstellung der Befreiung von Geburt, Alter, Tod und Leiden. Diese Vorstellung wurde ihm – oder seiner Kirche – aufgedrängt, da er so unbesonnen war, die Existenz eines Selbst zu leugnen und die Lehre einer zusammengesetzten Seele zu erfinden bzw. zu adaptieren.

Dieser Umstand muss betont werden, denn er scheint wichtig sowohl für die Geschichte des Buddhismus wie auch die Geschichte der Religion im Allgemeinen. Logik bzw. Dialektik ist ein gefährliches Hilfsmittel für religiöses Denken: Lehren können durch die Entwicklung eines neuen Dogmas gänzlich umgekrempelt werden;

wenn bestimmte Prämissen akzeptiert werden, sind die Schlussfolgerungen daraus so unvermeidlich wie das Schicksal selbst. Aber wenn solche Schlussfolgerungen dem allgemeinen Geist der Lehre zuwiderlaufen, oder dem durchschnittlichen Gemüt der Gläubigen, dem gesunden Menschenverstand, verfehlen sie es entweder, generelle Akzeptanz zu erlangen und führen nur zu Häresien und Sekten. Oder sie bleiben rein theoretisch und „Buch"-Vorstellungen, nichts als Ideen, ohne dasjenige zu werden, was Philosophen als „wirkkräftige Ideen" (*idées-forces*) bezeichnen.
Wir haben gesehen, dass die extreme Konsequenz der Karma-Lehre („Was wir tun, ist das Ergebnis dessen, was wir getan haben") von den Buddhisten nicht anerkannt wurde, welche trotz ihrer Ontologie, ihrer Psychologie und ihrer Ethik starke Befürworter des freien Willens waren bzw. sind. Viele andere Beispiele, indische wie europäische, können angeführt werden: (1) Die Konzeption des Seins in den Upanischaden und dem Vedanta endet logischerweise in einem reinen Monismus (*advaita*); und Samkara ist tatsächlich ein reiner Monist, oder versucht ein solcher zu sein. Aber es gibt viele Vedanta-Richtungen, die Spielarten eines „eingeschränkten Monismus" (*visistadvaita*) vertreten. (2) Die Vorstellungen der Vorherbestimmung oder vom Fehlen eines freien Willens sind leicht, wir sagen nicht logisch, aus dem Dogma von Gott abzuleiten, dem allmächtigen Schöpfer. Diese Vorstellungen haben im Islam (*Mohamedanism*) einen gefälligen Boden gefunden, sie stimmen mit dem kompromisslosen und strengen Monotheismus des Islam überein und mit dem, was man „orientalische Apathie" nennt. Im Christentum hingegen wurden sie regelmäßig aufgestellt, nur um dann wieder eingeschränkt zu werden.
Auf dieselbe Weise, oder in ähnlicher Weise, war die endgültige Auslöschung im Buddhismus nur ein Nebeneffekt der Leugnung des Selbst, ein Ergebnis, nicht etwas, das Sakyamuni angestrebt hätte, nicht ein Postulat des indischen Geistes, so bedrückt er

durch die Unbill des Lebens oder so vergiftet er durch philosophische Spekulationen auch gewesen sein mag.
Tatsächlich gibt es Hinweise, welche uns glauben machen können, dass Sakyamuni sein Bestes tat, um dieses Ergebnis zu vermeiden, und sich sogar einer endgültigen Stellungnahme gegenüber einem solchen Ergebnis verweigerte.

Diese Hinweise finden sich in einer Anzahl von Texten, welche behaupten, die Position von Sakyamuni gegenüber metaphysischen Aussagen zu enthalten, nämlich was die Existenz einer vom Körper verschiedenen Seele (*jiva*) betrifft sowie das Weiterleben eines Heiligen nach dem Tod. Seine Haltung ist dabei die eines Agnostizismus oder Pragmatismus.
Sakyamuni weiß alles, aber es gibt Wahrheiten, die zu enthüllen er sich weigert. Der Grund für ein solches Schweigen besteht darin, dass die Kenntnis von Wahrheiten, welche für die Heiligkeit nicht notwendig sind, gefährlich ist; oder dass ein Mensch und sogar ein Heiliger nicht verständig genug ist, um bestimmte Wahrheiten zu begreifen.
Dass Sakyamuni allwissend ist, wird von keinem Buddhisten bezweifelt. Einer der ehrwürdigsten Titel eines Buddha lautet *sarvajna*, „allwissend“, oder genauer *sarvakarajna*, „derjenige, der alle Dinge kennt, wie sie sind“. Buddhisten glauben, dass Sakyamuni beim Erlangen von *bodhi* (d. i. Erleuchtung oder Erwachen) universelles Wissen erlangte. Er weiß nicht in einem Moment alles, was man wissen kann, denn sein Wissen besteht wie jedes Wissen aus vielen getrennten und aufeinanderfolgen Akten der Aufmerksamkeit (*manasikara*), aber er weiß alles, was er zu wissen begehrt. Darum sagt Sakyamuni niemals: „Ich weiß es nicht.“ Aber unter gewissen Umständen sagt er ganz direkt: „Du wirst es nicht wissen, du sollst es nicht wissen.“

Hier ist ein Gleichnis:[80]

> Sakyamuni hielt sich in Kausambi im Hain von Asoka-Bäumen auf.[81] Er nahm ein paar Blätter in seine Hand und sprach zu seinen Schülern: „Was denkt ihr, o Mönche, sind mehr Blätter die paar hier in meiner Hand oder die übrigen in dem Hain?“ – „Die wenigen Blätter, die der Verehrte in seiner Hand hält, sind nicht viele Blätter. Viele Blätter sind diejenigen im Hain.“ – „Ebenso, ihr Mönche, ist da vieles mehr, was ich gelernt habe, aber euch nicht gelehrt habe, als dasjenige, was ich euch gelehrt habe.“

Es heißt, Sakyamuni habe die Fragen bezüglich der Existenz einer vom Körper getrennten Seele und des Nirwana offengelassen, sie beiseitegeschoben oder zurückgewiesen.
Tatsächlich finden sich im Kanon jedoch eine Menge von Stellen, welche diese Fragen zumindest indirekt im Sinne einer Seelenlosigkeit oder Vernichtung klären. Wir können einräumen, dass (1) einige Schüler, oder auch viele Schüler, mit der nihilistischen Leere nicht zufrieden waren und darum in der Tiefe ihrer Herzen hofften, dass sie den Meister missverstanden hätten. Vergessen wir nicht, dass die Schüler von Sakyamuni zu ihm als dem Entdecker des Pfades der Todlosigkeit (*amrta*) kamen. Oder (2) es gab Mönche ohne jegliche Vorurteile, nur darum besorgt, völlige Klarheit bezüglich Nirwana zu erlangen, nicht durch logische Schlussfolgerungen gezogen aus psychologischen Voraussetzungen, nicht durch metaphorische und widersprüchliche Phrasen, sondern durch eine direkte und endgültige Aussage von den Lippen des Allwissenden. Und nicht zuletzt (3) gab es Mönche, welche niemals etwas von den nihilistischen Äußerungen von Sakyamuni

---

[80] *Samyutta-Nikaya*, V., S. 437; vergleiche *Milindapanha*, S. 413 und *Digha-Nikaya*, S. 100.
[81] [Saraca asoca, immergrüner, kleiner aufrechter Baum mit einer Wuchshöhe von 8 bis 12 Metern.]

gehört hatten und die verwundert waren über Sakyamunis Schweigen die Seele und das Nirwana betreffend. Malunkyaputta war einer dieser Mönche:[82]

> „Es gibt", sagte Malunkyaputta, „Fragen, welche der Buddha nicht aufgeklärt hat, beiseite geschoben hat, zurückgewiesen hat ... Ob die Seele und der Körper identisch sind; ob die Seele eine Sache ist und der Körper eine andere Sache; ob ein Heiliger nach dem Tod weiterlebt; ob ein Heiliger nach dem Tod nicht mehr lebt; ob ein Heiliger nach dem Tod sowohl weiterlebt wie nicht mehr lebt; ob ein Heiliger nach dem Tod weder weiterlebt noch nicht mehr weiterlebt ... Der Umstand, dass Buddha diese Fragen nicht klärt, erfreut mich nicht. Ich will mich bei ihm erkundigen. Wenn er sie nicht beantwortet, werde ich das religiöse Leben unter der Führung des Buddha aufgeben."

Malunkyaputta befragt den Buddha in diesem Sinne, und die Begegnung endet mit der Äußerung dieser starken Worte:

> „Wenn der Herr es nicht weiß, so ist die einzig aufrichtige Sache für jemanden, der es nicht weiß, zu sagen: Ich weiß es nicht."

Buddha räumt natürlich nicht ein, die Antworten nicht zu wissen, aber er beantwortet die Fragen auch nicht.

> Habe ich je zu euch gesagt: „Komm, führe das religiöse Leben unter meiner Leitung, und ich werde dir diese Punkte erklären?" Oder hast du zu mir gesagt: „Ich werde das religiöse Leben unter deiner Führung aufnehmen, wenn du mir diese Fragen beantwortest?"

---

[82] *Majjhima-Nikaya*, I., S. 426; Hastings, *E. R. E.* Artikel „Agnostizismus".

Malunkyaputta gibt zu, dass der Buddha ihm nichts Derartiges versprochen habe, und auch er selbst habe seine Annahme der buddhistischen Regeln nicht an irgendwelche Bedingungen geknüpft. Und der Buddha fährt fort:

> Wer auch immer sagen mag: „Ich werde das religiöse Leben unter dem Buddha nicht eher aufnehmen, als bis der Buddha all diese Punkte erklärt hat.“ Jeder, der dies sagt, wird eher sterben, als dass ich ihm diese Punkte erklären würde.

Die Menschen leiden unter tatsächlichen Schmerzen, welche geheilt werden wollen. Sie sind vergiftet vom Verlangen, und Verlangen schafft die Voraussetzungen für weitere Geburten und neues Leiden: Verlangen muss zerstört werden.

> Es ist so, als ob dieser Mensch von einem vergifteten Pfeil getroffen wäre, und dieser Mann würde nun sagen: „Ich will nicht, dass dieser Pfeil entfernt wird, bevor ich nicht weiß, wer der Mann, der ihn auf mich geschossen hat, ist, ob er zur Kriegerkaste gehört oder nicht ..., bevor ich nicht seinen Namen kenne, seinen Klan, seine Statur, seine Gesichtsfarbe; bevor ich weiß, um was für einen Bogen es sich gehandelt hat, um was für eine Bogensehne.“ Dieser Mann würde sterben, bevor er alles in Erfahrung gebracht hätte.

So wie die Kenntnis all dieser Umstände nichts mit dem Entfernen des tödlichen Pfeils zu tun hat, so auch ist das Wissen all jener metaphysischen Aspekte gänzlich ohne Belang für die Lehre, welche Leiden und Verlangen beseitigt, die Lehre von der Heiligkeit:

> Das religiöse Leben basiert nicht auf dem Dogma, dass die Seele und der Körper identisch sind, auf dem Dogma, dass die Seele das eine ist und der Körper das andere; auf dem Dogma, dass ein Heiliger nach dem Tod weiterexistiert oder nicht, oder sowohl weiterexistiert als auch nicht weiterexis-

> tiert, oder weder existiert noch nicht existiert. Egal, ob dieses oder jenes Dogma wahr ist, es bleiben dennoch Geburt, Alter und Tod, für deren Vernichtung ich die Unterweisungen gegeben habe ... Was ich nicht geklärt habe, soll ungeklärt bleiben.

So sprach Sakyamuni.

Diese „agnostischen“ Äußerungen sind höchst erstaunlich. Welche Meinung auch immer ein Buddhist hinsichtlich des Schicksals eines Heiligen haben mag, diese Meinung ist ein Hindernis für die Glückseligkeit, die Loslösung, die Heiligkeit und damit für Nirwana selbst.

Wenn Nirwana ein glücklicher Zustand wäre, würde der Mönch nach Nirwana streben wie nach einem Paradies, und er würde es demgemäß verfehlen: Er würde beim Tod eine Art von Paradies erreichen, ein erfreuliches aber vergängliches Paradies. Wenn Nirwana Vernichtung wäre, würde Nirwana ebenfalls Verlangen oder Widerwillen hervorrufen: In beiden Fällen ist Heiligkeit dadurch unmöglich. Angst bzw. Spekulationen bezüglich des Lebens nach dem Tod (*antagrahaparamarsa*) ist eine der fünf ketzerischen Sichtweisen. Darum „soll ungeklärt bleiben, was nicht von Sakyamuni geklärt wurde“. Ein Mönch wird Heiligkeit und Nirwana erreichen, ohne zu wissen, was Nirwana ist, und aus genau diesem Grund, infolge seiner Unkenntnis, bleibt er frei von dem Verlangen nach Existenz (*bhavatrsna*), frei von dem Verlangen nach Nicht-Existenz (*vibhavatrsna*): „Ich verlange nicht nach dem Leben; ich verlange nicht nach dem Tod.“

Wir glauben, dass die zutreffendste und höchste autoritative Bestimmung des Nirwana nicht Vernichtung ist, sondern „unbestimmte Befreiung“, eine Befreiung, von der wir nicht das Recht haben, irgendetwas auszusagen.

Die Vorstellung von Nirwana, wie sie im Allgemeinen von den Buddhisten favorisiert wird, ist keine positive. Sie wissen, dass

Leben Leiden bedeutet. Und sie glauben, dass es einen Ausgang gibt, ein Nirwana, Befreiung von Seelenwanderung, von Geburt, Krankheit, Alter und Tod; und das ist in der Tat genug.

Nirwana wird als Befreiung angesehen: So wie ein Mensch, der im Kerker ist, nur frei sein möchte, so auch möchte jeder Mensch einfach glücklich sein; er möchte nur von den Leiden des Daseins befreit sein. Das ist Pessimismus.

Wenn es kein vollständiger Nihilismus ist, dann steht es diesem dennoch sehr nahe. Es ist eine negative Haltung, welche sich nicht den innersten Bedürfnissen unserer Psyche zuwendet. Aber es ist auch bis zu einem gewissen Grad eine abwartende Haltung, welche den Bedürfnissen des menschlichen Herzens noch etwas Nahrung übriglässt. Der Mönch strebt nach einer unbestimmten Befreiung; er untersucht nicht, ob die Befreiung eine Zerstörung ist oder eine mysteriöse Art des Daseins. Aber er weiß, dass Sakyamuni allwissend und mitfühlend ist, und solch ein Herden-Führer ist die große Persönlichkeit, auf die man sich verlassen kann.

### 5.5 Schluss

Es bleibt noch die Schlussfolgerung unserer Untersuchungen zu ziehen, ein gewisses Gleichgewicht zwischen den widersprüchlichen Aussagen zu finden, mit denen wir konfrontiert sind, und diese so weit wie möglich miteinander zu versöhnen.

Gemäß den Lehrsätzen des Buddhismus, wie sie akkurat und reichlich in den Schriften niedergelegt sind, bedeutet Nirwana Vernichtung: Selbstlosigkeit ist, von unserem Standpunkt aus betrachtet, unvereinbar mit irgendeiner Form des Überdauerns nach dem Tod. Aber ziehen die Buddhisten aus ihren Lehren die logische Schlussfolgerung, was das Nirwana angeht? Sie tun es, zumindest einige von ihnen: es gibt kategorische Aussagen, um zu zeigen, dass die Kompilatoren mancher Teile der Schriften Nirwana mit Auslöschung gleichgesetzt haben.

Darüber hinaus besteht kein Zweifel, dass Heiligkeit für viele Mönche die eigentliche Befreiung war, das eigentliche Nirwana, von dem der Buddha gesprochen hatte.
Aber dieses Verständnis der Heiligkeit als ein Ziel für sich selbst, wenn es mit der nihilistischen Sichtweise des Nirwana übereinstimmt – Nirwana im Sinne der Auslöschung –, stimmt ebenso mit den agnostischen Texten überein, mit Nirwana im Sinne einer „unbestimmten Befreiung".
Der gesamte *Suttanipata* bezeugt die buddhistische Abneigung von „Meinung". Das religiöse Leben, wie es in diesem Buch dargestellt wird, einem der ältesten, ist nicht mit irgendeiner Meinung vereinbar. Alles unterstützt unsere Vermutung, dass „Vernichtung" das Ergebnis einer philosophischen Untersuchung ist, eine rein scholastische Folgerung.
Zudem, obwohl wir nicht bereit sind, die Bedeutung einiger weniger Texte überzubewerten, welche die Existenz eines Selbst unter der Bezeichnung *pudgala* (Individuum, Person) zugestehen, können diese Texte auch nicht gänzlich ignoriert werden. Sie sind alt; sie sind nicht weniger authentisch als die Texte der Selbstlosigkeit; sie sind autoritative Texte der Sammitiya-Sekte, einer wichtigen Schulrichtung. Die Vertreter der Pudgala-Theorie werden zulassen, dass Nirwana, der Zustand des Heiligen nach dem Tode, Existenz bedeutet.
Und in diesem Zusammenhang sind wir nicht sicher, dass alle schriftlichen Stellen, welche Nirwana als glücklichen und stabilen Zustand beschreiben, sich auf Nirwana im Sinne der Heiligkeit beziehen; wenigstens manche von ihnen können sich auf den Zustand des Heiligen nach dem Tod beziehen. Wenn sie sich alle auf die Heiligkeit beziehen, wie es häufig von den Gelehrten verfochten wird, ist der Hinweis mehr als einmal obskur.

Die offensichtliche Schlussfolgerung ist, dass die alte buddhistische Tradition sich über die Natur des Nirwana ebenso wenig im Klaren war wie über viele andere Punkte.

Diese Schlussfolgerung erfreut nicht diejenigen Gelehrten, welche besorgt darum sind, den ursprünglichen Buddhismus in eine Orthodoxie zu verwandeln. Während wir glauben, dass die schriftlichen Widersprüche – Nirwana als Vernichtung, Nirwana als Unsterblichkeit, Nirwana als verbotenes Problem – so hingenommen werden müssen, wie sie sind, und dass der wahre buddhistische Geisteszustand ein glücklicher Synkretismus ist, treffen Gelehrte mit einem orthodoxeren oder weniger katholischen Temperament eine Entscheidung zwischen den rivalisierenden Ansichten. Sie leugnen, ausdrücklich oder stillschweigend, die Authentizität oder Autorität der Texte, welche die Sichtweise unterstützen, die sie ablehnen.[83]

Viel lässt sich aus der Haltung lernen, welche die Philosophen des Mahayana-Buddhismus (Neo-Buddhismus) eingenommen haben. Sie sind sowohl aufrichtig wie auch klarsehend; sie sind sich der Widersprüche in den Schriften klar bewusst; sie sind andererseits dennoch treue Anhänger der Authentizität dieser Schriften; sie können daher nicht zu einer Methode wie der des Gordios in der Exegese Zuflucht suchen.

Als Philosophen müssen sie eine Wahl treffen und vertreten einstimmig die nihilistische Interpretation des Selbst und Nirwana. Aber als Historiker geben sie zu, dass Sakyamuni zuweilen „ontologischen“ Aussagen frönte, manchmal die Untersuchung „unge-

[83] Es ist deutlich sicherer, Sakyamuni und der frühen Gemeinde all unsere Texte zuzuschreiben, als das Alter irgendeiner in diesen Texten gefundenen Idee zu leugnen. So sagt La Bruyere: „Il n'y a point d'ouvrage si accompli qui ne fondit tout entier au milieu de la critique, si son auteur voulait en croire tous les censeurs qui ôtent chacun l'endroit qui leur plaît le moins.“ Sainte-Beuvue verglich für gewöhnlich Homer in den Händen von Wolf und Dugas-Montbel mit dem Mann mit zwei Liebhabern: „l´une arrache les cheveux noirs, l´autre les gris, et le voilà chauve.“

klärter Fragen“ einfach untersagte, und manchmal Vernichtung lehrte. Sie erklären, warum er so gehandelt habe, und die Gründe, welche sie für die Widersprüche des Meisters anführen, sind von weitreichender Bedeutung für die philosophische Lösung des Problems selbst.

Es ist eine alte Überzeugung unter Buddhisten, dass Sakyamuni seine Belehrungen den Bedürfnissen seiner Hörer entsprechend angepasst hat, passend zu ihren intellektuellen und moralischen Fähigkeiten. Ein Buddha ist ein Arzt, der Arzt für die tödliche Krankheit der Begierde. Begierde erzeugt Wiedergeburt, Leiden und Tod. Um diese Krankheit zu heilen, musste Sakyamuni allopathische Mittel anwenden. Er lehrt, dass es kein Selbst gibt – und das mit solch einer Nachhaltigkeit, dass er zuweilen den Eindruck erweckt, ein „Materialist“ zu sein –, weil ein Mensch, der an die Wirklichkeit und Beständigkeit des Selbst glaubt, sein Selbst lieben und das Selbst seines Nächsten hassen wird, er wird besorgt sein, was die Verfassung des Selbst nach dem Tod angeht, kurzum: Er wird begehren. Er lehrt, dass es Wiedergeburt gibt, weil die Vorstellung einer Vernichtung durch den Tod dazu verleitet, die irrige Ansicht eines „Lasst uns solange glücklich leben, wie wir hier sind“ anzunehmen. Er betont die Freude der Befreiung, um die Menschen dazu zu bewegen, triviale Hoffnungen von einem vergänglichen Paradies aufzugeben und viele närrische Mittel, um ein solches zu erlangen: Befreiung ist besser als irgendein erkennbarer Zustand des Daseins. Und nicht zuletzt bekennt Sakyamuni den Umstand, dass Befreiung absolutes Schweigen und Vernichtung bedeutet, das Ende des Leidens, weil es das Ende des Empfindens ist. Warum lehrt er eine solche Lehre? Ich wage zu behaupten, aus dem Grund, weil die pragmatischsten Philosophen zuweilen nichts dazu beitragen können, die Dinge so zu beschreiben, wie er glaubt, dass sie sind: Befreiung *ist* Vernichtung –

und es gibt einige wenige Schüler, welche es wert sind, diese Wahrheit zu erfahren.
Das Gleichnis vom Arzt ist ein buddhistisches Gleichnis. Es gibt noch ein ähnliches, eher indisches, aber ebenfalls sehr zutreffend. Ein Buddha ist ein Tiger oder eher noch eine Tigerin. Diese Tigerin trägt ihr Jungtier, und dazu nimmt sie es in den Mund. Sie hält es zwischen ihren beiden Reihen von scharfen Zähnen. Ohne die Zähne würde das Junge herausfallen; aber wenn die Zähne zu fest aufeinanderbeißen, wird es verletzt. Auf die gleiche Weise rettet ein Buddha Lebewesen und trägt sie über den Ozean der Wiedergeburten, durch die parallelen Lehren der Beständigkeit und Unbeständigkeit, von Selbst und Nicht-Selbst, Seligkeit des Nirwana und Vernichtung in Nirwana. Beständigkeit, Selbst, Seligkeit des Nirwana – so viele Irrtümer. Nützliche Irrtümer: Ohne sie würde man das religiöse Training zum Ziel der Befreiung aufgeben. Unbeständigkeit, Selbstlosigkeit, Vernichtung – so viele Wahrheiten. Gefährliche Wahrheiten, wie eine Schlange mit einem Juwel im Maul: Es bedarf einer geschickten Hand, um das Juwel zu nehmen. Auf dieselbe Weise gelingt es nur wenigen Menschen, nicht zwischen diesen erhabenen und grausamen Wahrheiten zerquetscht zu werden. Falsch verstandene Selbstlosigkeit würde zu der falschen Ansicht führen, dass es kein Überdauern gibt; die Lehre der Vernichtung im Nirwana würde Verzweiflung und Misstrauen hervorrufen.
Darum ist Sakyamuni unklar hinsichtlich dieser Punkte und hat einige Widersprüche nicht vermieden, und wenn ein Fragesteller kühn genug war, eine direkte Antwort zu ersuchen, hat er trocken gesagt: „Du wirst es nicht wissen.“ *Cela ne vous regarde pas.* [„Das geht sie nichts an.“]
Buddhismus endet in einem Akt des Glaubens. Sakyamuni wird uns zu einer Erlösung führen, vorausgesetzt, wir schließen die Augen und folgen blind seinen Anweisungen. Das Entscheidende

am Buddhismus ist nicht das Dogma, sondern Praxis, nicht das Ziel, das mysteriöse und unerkennbare Nirwana, sondern der Pfad, die Heiligkeit.

## *6. Der Pfad zum Nirwana*

### 6.1 Der Pfad ist die Ausrottung der Begierde

Nirwana ist das Aufhören von Wiedergeburt. Verlangen und durch Verlangen hervorgerufenes Handeln sind die Ursache von Wiedergeburt. Der Pfad, welcher zur Befreiung von Wiedergeburt führt, muss daher ein Pfad sein, welcher zur Befreiung vom Verlangen führt. Um Wiedergeburt zu vermeiden, ist es notwendig und ausreichend, das Verlangen auszumerzen, Verlangen nach Vergnügen, Verlangen nach Dasein, Verlangen nach Nicht-Existenz oder Hass gegenüber der Existenz. Das bedeutet es, ein Heiliger zu werden, ein Arhat, frei von Sorgen, Hoffnung und Furcht.

An dieser Stelle finden wir, wie an vielen anderen auch, Parallelen zwischen den brahmanischen und buddhistischen Vorstellungen. Die Upanischaden sagen, dass der Mensch entsprechend seines Verlangens wiedergeboren wird, gemäß seinem Streben, seinem Verhalten. Aber was ist das Schicksal eines Menschen, der frei ist von Verlangen?

> „Wenn Verlangen endet, wird der Sterbliche unsterblich; er erlangt Brahman auf Erden. Er, der ohne Verlangen ist, der frei ist von Begierde, der nur sein eigenes Selbst begehrt, welches identisch ist mit dem universellen Selbst, er erlangt die Verwirklichung seines Verlangens durch den Besitz seines Selbst. Er ist das universelle Selbst und geht ein in das universelle Selbst."

Es ist nicht wahrscheinlich, dass die frühen Buddhisten je von diesen Theorien gehört haben: Das Selbst (Atman), welches sie kennen und leugnen, ist das individuelle Selbst, und sie erwähnen nie das Nirwana des individuellen Selbst im großen Selbst. Aber ihre Lehre vom Pfad kann in Kurzform als eine Säkularisation der Lehre der Upanischaden beschrieben werden: sich selbst vom

Verlangen zu befreien, während man das universelle Selbst ignoriert und das individuelle Selbst leugnet.

Auf der anderen Seite ist der buddhistische Pfad eine Rationalisierung einer Anzahl von Praktiken, welche unter den Asketen seiner Zeit jeglicher Glaubensrichtung und jeglichen Strebens verbreitet waren.

Es gab viele „Furt-Bereiter", aber nur Sakyamuni hat die wahre „Furt" entdeckt, oder vielmehr wiederentdeckt, denn die Buddhas der früheren Zeiten hatten sie schon lange erkannt. Und er formte ein Muster des „religiösen Lebens" (*brahmacarya*), welches das einzige Mittel zur Befreiung war, ist und sein wird.

Ein wirklichkeitsgetreues und vollständiges Bild vom „religiösen Leben unter der Herrschaft des Buddha" zu geben, wäre eine langwierige Angelegenheit. Jede Einzelheit der klösterlichen Einrichtung, jedes Detail des geistigen und moralischen Trainings der Mönche müsste dazu erwähnt werden. Um darüber hinaus die historische Bedeutung dieser vielen Informationen zu würdigen, müssten Bezugnahmen zu den Regeln der zeitgenössischen Sekten und besonders der brahmanischen Institutionen erfolgen. Sogar das Wort selbst, mit welchem wir das religiöse Leben bezeichnen (*brahmacarya*), meinte ursprünglich das „Leben eines jungen Brahmanen in dem Haus seines Lehrers vor seiner Initiation und Heirat".[84]

Aber es wird nicht schwer sein, die allgemeinen Prinzipien des buddhistischen Pfades darzulegen. Wir müssen nur, um die Worte eines Sanskrit-Dichters zu gebrauchen, eine Schnur nehmen und die bereitliegenden Perlen auffädeln.

Der Pfad ist (1) ein mittlerer Weg zwischen Askese und Laxheit, (2) ein Training in den buddhistischen Lehren, und (3) eine ge-

---

[84] Beweise für die Bedeutung „Mäßigung" sind alt, z. B. *Satapathabrahmana*, XI. 3.3 oder *Paramatthajotika*, II., 1, S. 43.

schickte Praxis der Meditation und Versenkung (*trances and ecstasies*).

### 6.2 Ein mittlerer Weg zwischen Askese und Hedonismus

Nachlässigkeit oder Genuss (Hedonismus) meint ein gänzlich säkulares Leben. Askese meint nicht nur wie gewöhnlich ein Nichtgenießen von moralisch erlaubten Freuden, sondern auch das Auferlegen von Schmerz und Buße.

Die Ursprünge der Askese – in Sanskrit *tapas*, ein Wort, welches „Hitze" bedeutet – reichen weit zurück in die Vergangenheit.[85] Im alten Indien wandelte sich die Askese zu einer religiösen und moralischen Institution – eine Selbstkasteiung, um der Gottheit zu gefallen, um bewusst oder unbewusst begangene Sünden wegzuwaschen, um Sünden durch Abtötung des Fleisches zu vermeiden. Während diese neuen Aspekte angenommen wurden, oder, um es noch direkter zu sagen, während sie sich in eine moralische Richtung entwickelten, war und ist *tapas* im Wesentlichen eine magische Angelegenheit. In den Ritualbüchern treten Spekulationen über die Askese als schöpferische Macht in den Vordergrund: Prajapati, der Herr der Generationen, vollzog Buße, erhitzte sich und schuf die Welten durch die Kraft seiner Hitze bzw. Buße. Prajapati war der große „Büßer"; Asketen, d. h. Menschen, welche die absurdesten Bußpraktiken vollziehen, so wie die modernen Fakire, sind „Büßer" von kleinerem Format, aber nichtsdestotrotz Schöpfer in ihrer eigenen Gestalt, autonome und unzähmbare Kräfte, welche selbst die Götter fürchten.

Die Lehre der Heiligkeit und Weisheit war hoffnungslos vermengt mit der Lehre der Buße: als die Vorstellung der Befreiung entdeckt wurde, dachten die Menschen ganz natürlich, dass nur die Büßer eine gewisse Chance zum Erreichen der Befreiung besaßen.

---

[85] Zu *tapas* siehe Oldenberg, *Die Religion des Veda*. Die älteste Quelle zum ekstatischen Büßer Muni ist *Rigveda*, X. 136. Siehe Hastings, *E. R. E.* Artikel „Religiöse Orden".

Ebenso gab Gautama, der junge Prinz des Sakya-Clans, sein sicheres Zuhause auf, um sich die Befreiung zu sichern. Dabei folgte er zunächst den üblichen Wegen und lebte für eine gewisse Zeit – für mehrere Jahre – als ein Muni, d. h. ein einzelner Büßer; daher sein Name Sakyamuni. Er frönte einer absoluten, rigiden Enthaltung von Nahrung, stand aufrecht und bewegungslos, hoffend auf eine plötzliche Erleuchtung des Geistes. Fünf Asketen waren seine Gefährten in diesen Entbehrungen. Ein griechischer Bildhauer schuf fünf oder sechs Jahrhunderte später eine realistische und vergeistigte Darstellung seines ausgemergelten Körpers, welches eines der Meisterstücke der Gandhara-Kunst bildet.[86] Aber die Erleuchtung kam nicht, und Sakyamuni fühlte sich wirklich schwach: er verstand, dass Erleuchtung der Stärke des Geistes [und des Körpers!] bedarf; er nahm etwas Nahrung zu sich und erlangte schon bald das Ziel, nach dem er sich so lange vergeblich bemüht hatte; er wurde ein Buddha. Geistige Erfolge hängen von geistigen Bemühungen ab.

In dem Augenblick, als Sakyamuni sein Fasten brach, verließen ihn die fünf Asketen, und als Sakyamuni, nachdem er zum Buddha geworden war, sich ihnen wieder annäherte, spotteten sie: „Hier ist derjenige, der seine Entsagungen nicht einhalten konnte." Sakyamuni erklärte ihnen, dass er die vollkommene Erleuchtung erlangt habe. „Aber", fragten sie, „wenn du keinen Erfolg darin hattest, die Erleuchtung durch Askese zu erlangen, wie könnten wir dann glauben, dass du erfolgreich warst, als du im Reichtum lebtest, nachdem du die Bemühung aufgegeben hattest?" Woraufhin ihnen Sakyamuni erklärte, dass er die Anstrengung nicht aufgegeben hatte – denn Entsagung sei nicht die einzige Form der Anstrengung – und dass sein Leben (nachdem sie ihn verlassen hatten) kein Leben des Luxus gewesen war. Denn der Pfad derjenigen, „welche die Welt aufgegeben haben", um Befreiung zu

[86] Senart, *Notes d'Epigraphie*, III. Tafel 2 (*J. As.* 1890).

erlangen, ist ein mittlerer Pfad zwischen den beiden Extremen Askese und Hedonismus.

> „Was sind die beiden Extreme? Ein den sinnlichen Genüssen verfallenes Dasein: Ein solches Dasein ist niedrig, sinnlich, vulgär, unedel, schädlich; und ein der Abtötung verfallenes Dasein: Ein solches Dasein ist schmerzhaft, unedel, schädlich."[87]

Während viele Asketen, zum Beispiel die Jains, Buße/Kasteiung als das Hauptelement der spirituellen Entwicklung ansahen, missbilligte Sakyamuni die Kasteiung und verbot sie in manchen Fällen sogar.[88] (1) Wenn Kasteiung praktiziert wird, um weltliche Vorteile zu erlangen, himmlische Wiedergeburt oder magische Kräfte, das göttliche Auge etc., dann handelt es sich um eine rein weltliche Angelegenheit; geboren aus Verlangen schafft sie neues Verlangen und ist weit davon entfernt, zur Erlösung zu führen. (2) Was die Erlösung betrifft, ist Kasteiung an und für sich ohne Nutzen. Gegenteiliger Ansicht zu sein bedeutet Ketzerei, formal *silavrata-paramarsa*, das „Hängen an Regeln und asketischen Praktiken".

Sakyamuni verdammt nicht jegliche Kasteiung, ganz im Gegenteil. Aber er ist der Ansicht, dass Kasteiung, selbst wenn sie von Rechtgläubigen praktiziert wird, viele Nachteile mit sich bringt. Einer davon besteht darin, mit großer Wahrscheinlichkeit spirituellen Stolz zu erzeugen, eine der Fallgruben für Mönche:

> „Wer auch immer rein ist und weiß, dass er rein ist, Gefallen daran findet, dass er rein ist, wird unrein und stirbt mit

---

[87] *Mahavagga*, 1, 6, 10 und andernorts. (*S. B. E.* XIII. S. 93; E. J. Thomas, *Buddhist Scriptures*, S. 40). Vergleiche *Milindapanha*, II., S. 60. Die Geschichte der ersten Tage der Buddhaschaft sollte vollständig gelesen werden. Sie trägt alle Züge von Echtheit; dennoch müssen wir daran denken, dass die Inder wunderbare Geschichtenerzähler sind.

[88] Das *Aitareyabrahmana* wendet sich stark gegen die Kasteiung.

> unreinen Gedanken. Wer auch immer unrein ist und weiß, dass er unrein ist, und sich bemüht rein zu werden, stirbt mit reinen Gedanken.“

Andere Kasteiungen wiederum – Enthaltung von Nahrung zum Beispiel, ganz zu schweigen von Verstümmelungen – sind gefährlich für den Körper und damit auch für den Geist. Denn die volle Kraft des Geistes ist notwendig, um die philosophischen Wahrheiten zu verstehen, welche tatsächlich zu einer Reinigung des Geistes führen. Der Körper muss daher sowohl ohne Hass wie ohne Liebe betrachtet werden. Die Mönche müssen sich um ihren Körper kümmern, aber es wäre nicht korrekt zu sagen, dass sie ihn lieben. Es ist so, wie es Nagasena zu König Milinda gesagt hat:

> „Wurdet Ihr irgendwann einmal im Kampf von einem Pfeil getroffen?“ – „Ja, wurde ich.“ – „Und wurde die Wunde mit Balsam versorgt, mit Öl eingerieben und mit einem Streifen feinen Stoffes umwickelt?“ – „Ja, das wurde sie.“ – „Habt Ihr Eure Wunde geliebt?“ – „Nein.“ – „Auf dieselbe Weise lieben die Asketen nicht ihren Körper; aber ohne an ihm zu hängen, kümmern sie sich um ihren Körper mit dem Ziel, im religiösen Leben voranzukommen.“

Auch wenn der Körper nicht zerschmettert wird, so müssen doch die Begierden des Körpers vernichtet werden. Sakyamuni verdammt jeglichen Luxus, das kleinste Zugeständnis könnte sich als verheerend erweisen; Verlangen findet sich überall, denn wir sind lebendiges Verlangen:[89]

> „Alle Dinge, ihr Mönche, stehen in Flammen. Das Auge steht in Flammen, Seh-Objekte stehen in Flammen, Seh-Wahrnehmungen stehen in Flammen, vom Auge empfangene Eindrücke stehen in Flammen, alle Wahrnehmungen,

[89] *Mahavagga*, I. 21.

freudvolle, schmerzhafte und indifferente, entstehend in Abhängigkeit von den Eindrücken, welche das Auge empfängt, stehen in Flammen. Und womit stehen diese in Flammen? Mit den Flammen der Begierde, den Flammen der Abneigung, den Flammen der Narrheit.“

Ohren und Töne, Nase und Gerüche, Zunge und Geschmäcker, der Körper (das heißt der Tastsinn) und tastbare Eigenschaften, der Geist und die Gedanken stehen ebenfalls in Flammen.

Das rechte Mittel, um dieses Flammen zum Verlöschen zu bringen, ist kein chirurgischer Eingriff [das Herausschneiden der Zunge], kein Schweigegelübde, um Vergehen und Verlangen durch die Stimme zu vermeiden, denn in diesem Fall wären die stummen Tiere die wahren Heiligen. Auch keine Abwesenheit der Gedanken; nicht Verrücktheit, weder tatsächliche noch vorgetäuschte Narretei (*unmattaka*), noch irgendwelche anderen törichten oder verblüffenden Kunstgriffe, wie zum Beispiel wie ein Hund oder eine Kuh zu leben, auch keine Verstümmelungen und Selbst-Folterungen, kein Selbstmord, diese *ultima ratio* der Jain-Asketen. Selbstmord ist eindeutig ein Akt, der aus Verlangen oder Abneigung begangen wird: Man begeht Selbstmord, um es anderswo besser zu haben, oder um Schmerzen zu entgehen. Der Buddhist muss auf seinen Tod warten, ohne am Leben zu hängen, ohne sich nach dem Tod zu sehnen.

Das rechte Mittel, um das Feuer zu löschen, ist die geistige Methode, welche wir nun darlegen, in Verbindung mit einer gemäßigten Askese.

1. Es gab im frühen Buddhismus Anhänger mit einer Neigung zu Bußübungen, ehemalige Anhänger von Büßerorden wie zum Beispiel Mahakasyapa und seine Anhänger, welche die Überlegenheit der Lehre von Sakyamuni erkannten, die in Sakyamuni den Allwissenden Einen und Führer des geistigen Lebens sahen. Sakyamuni hat für sie keine neuen Regeln aufgestellt: Er untersag-

te lediglich die schlimmsten Übertreibungen der Askese und ungehörige Praktiken wie Nacktheit und dergleichen. Aber er gestattete eine Anzahl von Abtötungen (*dhutaguna*), welche nicht grundsätzlich verwerflich waren.

Die „Eremiten" (*aranyaka*), die „Friedhofs-Bewohner" (*smasanika*), stellen die gesamte Geschichte hindurch eine spezielle Klasse von Mönchen, ebenso gefährlich wie die nichtbuddhistischen Asketen. Sie galten als heilige Männer, Ekstatiker und Dichter,[90] aber in gewisser Weise waren sie ebenso „Ketzer".[91]

2. Die Vorstellung des wahren religiös-buddhistischen Lebens findet sich im *Vinaya*, welcher die von Sakyamuni und der ersten Generation der Älteren eingesetzten, allgemein einzuhaltenden Regeln für die Mönche und Nonnen enthält. Je mehr wir den *Vinaya* studieren,[92] umso erstaunter sind wir bezüglich des gesunden Menschenverstands, der in den allgemeinen Prinzipien ebenso wie in vielen Details aufscheint.

Die Mönche der allgemeinen Ordensregel waren zahlenmäßig die größte und wichtigste Gruppe in der Geschichte des Buddhismus. Totale Mäßigung, kein Privatbesitz; ein strenges Reglement, welches wenig oder keinen Raum für Lüsternheit oder individuelle Fantasie gestattete, was einer moralischen Kasteiung sehr zuträglich scheint und zugleich körperliche Schmerzen vermeiden hilft. Das Leben eines wandernden Bettelmönchs während der trockenen Jahreszeit und, während der Regenzeit, ein zönobitisches Leben mit all den gegenseitigen Zugeständnissen und Ermahnungen, welches ein solches Dasein mit sich bringt. Insgesamt eine aristokratische Form der Askese, welche der Askese der Brahmanen sehr ähnlich ist.

---

[90] Die „Verse der Mönche" und „Verse der Nonnen" (Übersetzung von Mrs. Rhys Davids) sind überwiegend das Erzeugnis von Büßer-Asketen.

[91] Siehe mein *Bouddhisme* (Paris 1909), S. 356 ff.

[92] *S. B. E.*, Vol. XIII, XVII, XX. [= *Sacred Books of the East*]

Aber Brahmanen und Buddhisten unterscheiden sich in einem sehr wichtigen Punkt.[93]

Die Brahmanen sind stark bezüglich der *mos majorum*.[94] „Erlange lediglich das Wissen vom Selbst und lasse alles andere beiseite."[95] Sie fahren dennoch damit fort, den Göttern zu opfern, denn die Götter existieren *kata doxan*. Sie glauben, dass jeder denkende Mensch sich darum bemühen sollte, die ewige Befreiung zu erlangen, und dass ein meditatives, halb-asketisches Leben notwendig ist, um dieses hehre Ziel zu erreichen. Sie können jedoch nicht zugeben, dass es richtig sein könnte, die Pflichten der Kaste aufzugeben. Und wie ihre arischen Vorfahren hängen sie an der Theorie der vier Verbindlichkeiten. Der Mensch begleicht seine Schulden gegenüber den Göttern durch Opfer, gegenüber dem Veda durch Studium, gegenüber den Toten durch die Geburt eines Sohnes, und gegenüber den Menschen durch Gastfreundschaft. Wenn er seine vierfache Schuld beglichen hat, kann er alles aufgeben und sich seine Wohnstatt im Wald zum meditativen Zwecke nehmen, sich selbst retten und als heiliger Mann sterben.

Wie gewöhnlich ist der brahmanische Standpunkt ausdrucksvoll im *Mahabharata* geschildert. Wir erfahren, dass ein Anachoret, der noch vor der Heirat „die Welt verlassen hat", an einen schrecklichen Ort kam, bei dem es sich um nichts weniger als eine Grube der Hölle handelte. Dort erkannte er seinen Vater, seinen Großvater, die ganze Reihe seiner Ahnen, einen nach dem anderen an einem Seil über dem Schlund der Hölle baumelnd. Das Seil, an dem sie hingen, war im Begriff, langsam aber sich von einer Maus zernagt zu werden, nur noch eine Frage der Zeit. Und eine Viel-

[93] Abgesehen von dem Aspekt, den wir hier behandeln, gäbe es noch viele anderen nennenswerte Unterschiede: die Haltung des Buddhismus und Brahmanismus gegenüber Frauen, gegenüber Kastenlosen und den niederen Kasten usw.

[94] [„Sitte der Vorfahren", Bezeichnung für traditionelle Verhaltensweisen und Gebräuche im alten Rom.]

[95] *Mundaka*, II. 2, 5 (Barth, *Religions*, S. 81).

zahl von Stimmen, manche wohlbekannt und ihn an Ereignisse aus der Jugend erinnernd, andere unbekannt, aber einen verborgenen und tiefen Instinkt ansprechend, riefen: „Errette uns! Errette uns!“ Die einzige Hoffnung auf Wohlergehen für die lange Reihe seiner Ahnen besteht in den Kindern und den Nachkommen, welche sie zeugen. Der Anachoret verstand die Lektion, heiratete und war in der Lage, sich selbst ohne Bedauern zu retten, nachdem er seine Vorfahren gerettet hatte. (Siehe auch *Paramatthajotika*, II. I. S. 137)
Die Buddhisten sind hier konsequenter. Laien, egal wie gläubig, freigebig und tugendhaft sie sein mögen, selbst wenn sie zweiwöchige Enthaltsamkeit und Mäßigung des Upavasa praktizieren, können Nirwana nicht erreichen. Die einzigen Buddhisten, in der eigentlichen Bedeutung des Wortes, sind die Mönche, welche alle Bindungen zur Gesellschaft aufgegeben haben; und je eher man ein Mönch wird, umso besser.[96] Warum eine Verzögerung bei der Aufgabe von Verlangen und fleischlichen Gelüsten hinnehmen? Darum ist es Kindern erlaubt, zwar nicht die religiösen Gelübde, wohl aber eine Lehrzeit für die Gelübde zu beginnen, wenn sie sieben Jahre alt sind und groß genug, um Betrüger wegzuschicken. Wenn durch Zufall und entgegen der Theorie ein Laie die Erleuchtung erlangt, verwandelt er sich auf wundersame Weise in einen Mönch; er erscheint plötzlich mit rasiertem Kopf und in die gelbe Robe gehüllt, mit einer Almosenschale in der Hand, seinem ganzen Auftreten nach wie ein Mönch mit fünfzigjähriger Laufbahn.

---

[96] [Freilich haben die Mönche keineswegs alle Bindungen zur Gesellschaft aufgegeben, wie alleine der Bettelgang für die Nahrung zeigt. Und auch sonst erhalten die Mönchsorden ja enorme Zuwendungen von eben jener Gesellschaft, welche sie eigentlich überwinden wollen.]

### 6.3 Eine dreifache Schulung in der buddhistischen Wahrheit

Die moderate Askese (formal: *pratimoksasamvara*), die wir beschrieben haben, ist genau genommen nicht ein Teil des Pfades, der zur Auslöschung des Verlangens führt; sie ist eher eine Vorbereitung auf den Pfad: sich von den Anlässen des Verlangens fernhalten. Der Pfad selbst ist eine Schulung in den buddhistischen Wahrheiten.

Verlangen basiert auf den Sinnesorganen und den äußeren Objekten. Indessen ist es jedoch nicht gestattet, die Sinnesorgane zu zerstören, denn Selbstmord, Verstümmelung und Enthaltsamkeit sind zu beanstanden, und die erfreulichen äußeren Objekte sind zu zahlreich, als dass man sie unterdrücken könnte. Ebenso ist es nicht möglich, jeden Anlass für Ärger zu vermeiden. Ein Single-Dasein bedeutet keine vollkommene Einsamkeit; Leiden, Abneigung und Ärger folgen dem Mönch selbst in einen „leeren Raum“ (*sunyarga*) nach, wo er sich zur Meditation niedergelassen hat. Es heißt:[97]

> Es gibt nicht genug Leder, um die Oberfläche der Erde zu bedecken, mit der Absicht, sie angenehm zu machen. Aber ziehe Schuhe (aus Leder) an, und die ganze Erde ist angenehm.

Die einzige Methode, um Lust (*raga*) und Ärger oder Abneigung (*dvesa*) auszulöschen – nicht nur zu vermeiden, was rein palliativ wäre –, besteht darin, die Unwissenheit (*moha*) auszumerzen, aus welcher Lust und Ärger entspringen. Wir wenden keine Beherrschung der Natur oder unseres Körpers an, sondern beherrschen unseren eigenen Geist und vernichten die vier Fehler (*viparyasa*): dasjenige, was in Wahrheit unerfreulich, unrein, vergänglich und nicht-substanziell ist, als erfreulich, rein, beständig und substanziell anzusehen. Wir müssen lernen, die Dinge so zu sehen, wie sie

---

[97] *Bodhicaryavatara*, V. 13; L. D. Barnett, *Path of Light*.

wirklich sind; formal ausgedrückt, müssen wir uns die vier Wahrheiten aneignen: Alles Dasein ist ein Zustand voller Leiden oder mit der Tendenz zum Leiden; Dasein entspringt aus dem Verlangen; Beendigung der Wiedergeburt, d. h. Nirwana, ist die vollkommene Seligkeit; der Weg dahin ist die Beendigung des Leidens. Von Anfang an bis zuletzt müssen wir die wahre Beschaffenheit dieses verwickelten, betrügerischen und zutiefst geliebten Komplexes erkennen, den die Menschen mit „Ich" bezeichnen.
Die Erlangung dieser vier Wahrheiten führt zu einer vollständigen Erneuerung des Geistes.[98] Verlangen kann in keinem Geist keimen, welcher von wahrer Weisheit erleuchtet ist, so wie eine Pflanze nicht in Salz wachsen kann. Das Angenehme und das Unangenehme existieren nur, weil wir glauben, dass etwas angenehm oder unangenehm ist – es sind Schöpfungen des Geistes. Schmerz verschwindet, sobald wir aufhören zu denken: „Ich" und „mein". Es heißt:

> Solange sich ein Mann über das schlechte Verhalten seines Weibes ärgert, liebt er sie noch immer, aber nicht darüber hinaus [d. h. wenn er sie nicht mehr liebt, ärgert er sich auch nicht mehr]; ebenso wird sich über den Schmerz des Körpers nicht mehr geärgert, wenn man aufhört, diesen Körper als seinen eigenen zu betrachten.

Die Erlangung der vier Wahrheiten basiert auf drei Bedingungen: Glaube (*sraddha*), Sicht (*darsana*) und Kultivierung (*bhavana*).
1. Nur Sakyamuni hat diese Wahrheiten entdeckt; es gibt keine Hoffnung auf Erlösung für einen Menschen, wenn er nicht seine Zuflucht beim Buddha und den von ihm offenbarten Wahrheiten sucht.[99]

---

[98] Die Handlungen im Zusammenhang mit der Erlangung der Wahrheiten bilden jene Art von Karma, welche Karma zerstört.
[99] Siehe mein *Bouddhisme* (Paris, 1909), S. 130 ff.

In manchen Fällen ist es möglich festzustellen, dass das Wort des Buddha glaubwürdig ist; in anderen Fällen muss man sagen: „Ich erkenne es an, weil ich an die Worte des Buddha glaube"; „Buddha weiß es, ich weiß es nicht". Das allgemeine Prinzip ist wie folgt: „Man muss über diejenigen Punkte der Lehre nachsinnen und sie begreifen, welche für den gewöhnlichen Menschen einsichtig sind. Die anderen Punkte muss man freiwillig anerkennen, und sagen: Dies gehört zum Bereich der Vision eines Buddha." Es heißt:

> Wenn ein Buddha, der Löwe unter den Menschen, sein Löwengebrüll in der Versammlung erhebt, und es irgendeiner wagt zu behaupten, dass der Buddha keine übernatürlichen Kräfte besitzt, dass er nicht die endgültige Wahrheit kennt, dass seine Lehre nur aus Dialektik aufgebaut ist, von Untersuchung, Erfahrung und individueller Intuition begleitet ist: Wenn ein Mann es wagt, derartig zu sprechen oder zu denken und seine Worte oder Gedanken nicht bereut, dann wird er zur Hölle fahren.

2. Aber Glaube allein ist nicht ausreichend. Wahrheiten, welche nur infolge der Autorität anderer akzeptiert werden, gehören uns nicht wirklich; sie bleiben sozusagen fremder und gefährdeter Besitz; sie sind uns nicht in Fleisch und Blut übergegangen, *en sange et nourriture*. Die buddhistischen Wahrheiten müssen verstanden und verwirklicht werden; der Heilige ist der Mensch, der wie Sakyamuni selbst geworden ist, aber unter der Führung von Sakyamuni, dem „Erleuchteten-Einen".

Texte, welche persönliche Untersuchung und Kritik empfehlen und damit einhergehen, überwiegen in Menge und Stärke Texte, welche den Glauben hochloben. Sakyamuni empfiehlt keine blinde Gefolgschaft; er vollbringt normalerweise keine Wunder, um seine Gegner zu überzeugen. Das wahre Wunder ist das „Wunder der Belehrung". Sakyamunis Lehre ist „begleitet von Beweisen";

„sie muss nicht aufgrund von Respekt akzeptiert werden; im Gegenteil, sie muss kritisiert werden, so wie Gold im Feuer geläutert wird“.[100]

> Nun, ihr Mönche, werdet ihr sagen: „Wir respektieren den Meister, und wegen des Respekts für den Meister glauben wir dies und jenes?“ – „So werden wir nicht sprechen.“ – „Ist es nicht vielmehr so, dass dasjenige, was ihr als wahr bekennt, etwas ist, was ihr selbst gesehen, erfahren, verstanden habt?“ – „Genau so.“[101]

Dieser Punkt wurde wie viele andere sehr gut von Oldenberg dargestellt. Buddhas erlösen nicht ihre Mitgeschöpfe. Ein Buddha ist nur ein Lehrer, und er lehrt die Menschen, sich selbst zu befreien. Die Schüler akzeptieren seine Belehrungen nicht nur, weil sie von jemandem kommen, der offenkundig ein Heiliger ist, ein *vitarga*, d. h. ein „Mensch, der frei von Leidenschaft ist“, und der daher entsprechend der indischen Sichtweise quasi allwissend ist (*sarvajna*). Sie akzeptieren seine Lehren, weil sie sich als zutreffend erweisen, weil, wie Oldenberg es nennt, „durch sein Wort ein persönliches Wissen in ihrem Geist entsteht“.[102]
Pascal sagt dasselbe, und er hebt die verborgene Vernunft des großen Ansehens der größten geistigen Führer hervor:

> Wenn eine natürliche Darstellung eine Leidenschaft malt oder eine Begebenheit, so findet man in sich selbst die Wahrheit von dem, was man hört. Sie war in uns, ohne dass man es wusste, und man fühlt sich gedrängt, den zu lieben, der sie uns fühlbar macht.

---

[100] *Nyayabindupurvapaksa*, *Mdo hgrel*, CXI.
[101] *Majjhima*, I. S. 265.
[102] *Buddha*, französische Übersetzung von A. Foucher, S. 321.

Buddhisten werden in das Gebiet der Wahrheit durch Glauben eingeführt; sie besitzen den Glauben aber nur durch Einsicht. Sie gehen mittels der Einsicht und nicht durch den Glauben.
Es mag angemerkt werden, dass die Position des brahmanischen Philosophen zum Veda – genauer gesagt zum Vedanta, den Upanischaden – fast dieselbe ist. Kein normales menschliches Wesen hätte das große Axiom der Upanischaden – die Einheit des (individuellen) Selbst mit dem universellen Selbst – entdecken können. Aber die Wahrheit dieses Axioms, wenn es einmal mittels Glauben anerkannt wird, beweist sich ohne Zweifel durch die persönliche Einsicht.

3. Auf Sicht muss Kultivierung bzw. *bhavana* folgen, d. h. Übung, Meditation, ständiges Wägen und Nachdenken, Einprägen.
Soweit wir es beurteilen können, führt Kultivierung nicht zu einem Zuwachs an Wissen, zu einem genaueren oder ausgedehnteren Wissen über das Unerfreuliche, Unreine, Unbeständige, Nicht-Wirkliche. Aber sie gewährt ein festeres Wissen, welches es dem Asketen ermöglicht, die Dinge stets so zu sehen, wie sie sind, ohne ständig durch ihre [nur] äußerliche Schönheit, Reinheit, Beständigkeit und Wirklichkeit getäuscht zu werden.
Um genau und formal zu sein, zerstört *darsana* sechs der zehn Leidenschaften bzw. Irrtümer (*anusaya*) und verwandelt einen „gewöhnlichen“ Menschen (*prthagjana*) in einen „bekehrten“ Menschen (*srotapanna*). *Bhavana* zerstört die übrigen vier Befleckungen (*pratigha*, *raga*, *mana*, *avidya*), soweit als sie die sinnliche Welt bzw. Kamadhatu betreffen, und verwandelt den *srotapanna* zuerst in einen *sakrdagamin* (durch Zerstörung der ersten sechs Grade dieser *anusaya*) und dann in einen *anagamin* (durch Vernichtung der übrigen drei Grade). *Bhavana* zerstört wiederum *raga*, *mana* und *avidya*, welche die Feinkörperliche Sphäre bzw. Rupadhatu betreffen und die Unkörperliche Sphäre bzw. Arupadhatu, und verwandelt den *anagamin* in einen Arhat.

Es gibt keinen Ärger bzw. *pratigha* mehr oberhalb der sinnlichen Welt.
Eine der einfachsten, aber wichtigsten dieser Meditationen ist die „Meditation über die Widerlichkeit" (*asubhabhavana*). Wir wollen sie kurz beschreiben, nicht um den Buddhismus zu blamieren, sondern um eine zutreffendere Vorstellung von der sogenannten „geistigen Übung" zu bekommen, um so die Erscheinung des Asketen besser zu erkennen. Es gibt im Buddhismus so viele erhabene Eindrücke, und auch so moderne Bemühungen um einen „Rationalismus", dass die Studenten – die Verfasser ebenso wie die Leser entsprechender Werke – nur zu leicht seine indischen Züge vergessen.
Friedhofs-Besuche, an denen nicht-bestattete Körper zur Verwesung ausgesetzt sind, gehören zur Pflicht eines Mönchs, und es gibt innerhalb der buddhistischen Gemeinschaft Asketen, welche sich für ein Leben auf Friedhöfen entschieden haben – die *smasanikas*, Menschen der Friedhöfe –, um ununterbrochen über die Unreinheit und Unbeständigkeit des Körpers meditieren zu können. Die Meditation weist dabei stark physische und emotionale Züge auf.[103]
Zehn „Friedhöfe", d. h. zehn Aspekte des toten Körpers sind der Reihenfolge nach zu erkennen, angefangen mit dem ein, zwei oder drei Tage toten Körper, angeschwollen und schwärzlich. Weiter dann mit einem noch älteren toten Körper, von Krähen zerfressen. Dann ein Körper, für den gilt, dass „er in keiner Weise mehr zu bezeichnen ist", aber von dem es die Buddhisten mögen, ihn ausgiebig zu beschreiben. Und schließlich die ausgeblichenen und zu Staub verrottenden Knochen, nachdem sie über Jahre dem Regen ausgesetzt waren.
Die Mönche leben Tag für Tag, Monat für Monat und Jahr für Jahr mit dem Gedanken:

---

[103] Warren, S. 360; *Yogavacara Manual*, S. 53.

„Wahrlich, auch mein Körper ist von eben dieser Beschaffenheit, dies ist sein Schicksal, er bildet keine Ausnahme.“

Dies ist eine der Arten der Meditation über die Widerlichkeit. Wenn sie lange genug praktiziert wurde, reicht es nicht zu sagen, dass die Schönheit und Gestalt der Frau ihre natürliche Anziehungskraft verloren haben: Sie werden gar nicht mehr wahrgenommen. Der Asket sieht nur noch das Skelett und den bevorstehenden Verfall.

Trotz seiner romantischen Attribute ist *bhavana* eine geistig-intellektuelle Angelegenheit, die dritte Stufe der Verwirklichung der Wahrheit.
Unbeständigkeit gelehrt zu bekommen, zu hören, dass „das Leben im Tod endet“, ist die eine Sache. Junge Menschen, „betört vom Stolz der Jugend“, mögen dieser Aussage zustimmen: „Das Leben endet im Tod“, aber sie verstehen nicht ihre wahre Bedeutung. Es geht bei ihnen um Glauben, um das Haften am Wort des Meisters. Diese Aussage durch eigene Untersuchung zu bestätigen ist es, was Sicht bzw. *darsana* genannt wird. Immer wieder darüber nachzusinnen, bis man damit nicht nur vertraut ist, sondern es im Geist allgegenwärtig ist, bedeutet Kultivierung bzw. *bhavana.*

## 6.4 Eine geschickte Praxis der Versenkung

Der Pfad zur Befreiung wäre sehr vernünftig für uns – d. h. er wäre intellektuell gründlich durchdringbar –, wenn die Buddhisten mit der Verwirklichung der Wahrheiten zufrieden gewesen wären, damit, positive Aussagen, welche es zu glauben gilt, einzusehen und zu verstehen, Aussagen, die „kultiviert“ werden und über die nachgedacht wird. Aber die Begriffe „Sicht“ und „Kultivierung“, welche oben erklärt wurden, übermitteln nicht die wahre Bedeutung des buddhistischen *darsana* und *bhavana*. Ein Aspekt davon, der praktisch völlig unverzichtbar ist für *darsana* und *bhavana*, besteht aus dem, was Konzentration bzw. *samadhi*, Versenkung bzw. *dhyana* und Erlangung bzw. *samapatti* genannt wird, ein nicht-intellektueller Aspekt.

Die Geschichte der Versenkung bzw. Trance ist lang und dunkel. Versenkung bzw. Trance lässt sich bis in die Zeiten halbzivilisierter Kulturen zurückverfolgen. So wie Askese eine gängige Praxis bei Medizinmännern ist, den Zauberern der alten Zeit, so ist Trance bzw. Versenkung ein archaisches Element. Es war anerkannt, dass der Mensch in quasi-hypnotischen Zuständen magische Kräfte erlangen kann. Der Name eines Dings gilt entweder als die Sache selbst, oder als eine Art Double des Dings: Während der Versenkung den Namen einer Sache zu erfahren bedeutet, die Sache zu beherrschen.

So wie Askese wurde auch Versenkung ein Mittel für spirituelle Ziele.

Dies ist zum Beispiel der Fall im Brahmanismus. Versenkung ist der notwenige Pfad für die Verschmelzung des individuellen Selbst mit dem universellen Selbst. Oder, um es zutreffender auszudrücken, es gibt nur ein Selbst, welches dem Menschen immanent ist. Eine Zeitlang galt das Wissen um unsere wesentliche Identität mit diesem Selbst als ausreichend. Aber schon bald wurde das tatsächliche Empfinden dieser Identität als notwendig erachtet. Doch so ein Empfinden ist im gewöhnlichen Bewusstsein nicht möglich; darum muss es in Versenkung verwirklicht werden, Versenkung, welche durch hypnotische Mittel herbeigeführt wird, dieselben Mittel, wie sie die Zauberer verwenden, z. B. lange körperliche Unbeweglichkeit, starrer Blick, geistige Wiederholung seltsamer Formeln, Unterdrückung des Atems. Weiterhin ist die Immanenz des Selbst eine sehr materialistische: Es hat seinen Sitz im Herzen, wo es aufwühlend empfunden wird und von wo aus es den Geist lenkt; es nimmt seinen Weg entlang der Blutbahnen ... Psycho-physische Übungen sind notwendig, um alle vitalen Energien im Herzen zu konzentrieren und so das Selbst von dem zurückzuziehen, was nicht das Selbst ist.[104] Von hier kommt die komplexe Disziplin des Yoga, welche Versenkung als ein wesentliches Element hat.

Es ist nur gerecht, zu konstatieren, dass die Stellung der Versenkung im Buddhismus eine gänzlich andere ist. Versenkung, wie Askese, ist kein essentieller Bestandteil des Pfads, selbst wenn wir anerkennen, dass sie praktisch notwendig ist (*d'une nécessité de moyen*), um eine Phrase des Katechismus zu verwenden.

Der Buddhismus lehrt an vielen Stellen ausführlich, dass nicht jede Versenkung gut ist. Eine Versenkung, welche nicht auf das richtige Ziel abgestimmt ist, die Auslöschung des Verlangens, ist eine weltliche Angelegenheit (*laukika*). Wenn mit Verlangen unternommen, entweder um Vorteile in diesem Dasein zu erlangen, zum Beispiel magische Kräfte, oder eine bestimmte Form der Wiedergeburt, kann Versenkung keinerlei spirituelles Verdienst mehr hervorbringen. Wenn sie korrekt ausgeführt wird, kann sie jedoch erfolgreich sein, so wie jedes andere menschliche Streben ebenfalls Erfolg haben kann: Ein Mönch oder irgendein Mensch, der sich der Versenkung mit der Bezeichnung „Unendlichkeit des Raums" widmet, um Jahrhunderte in der Sphäre der „Götter, welche über die Unendlichkeit des Raums meditieren", zu leben, wird in dieser Sphäre wiedergeboren werden, vorausgesetzt, er hat nicht noch alte (karmische) Schulden in der Hölle oder anderswo zu begleichen. Er wird dort Jahrhunderte lang leben, wie erhofft; aber er wird eines Tages sterben und woanders wiedergeboren werden.

Auf der anderen Seite ist es eine anerkannte Tatsache, dass Sakyamuni die „Erleuchtung" mit Hilfe der Übung der Trance erlangt hat, und dementsprechend muss jeder Mönch ebenfalls Versenkung praktizieren, wenn er Fortschritte machen will. Je mehr der Buddhismus von „weltlicher" Versenkung abrät, desto

[104] Barth, *Religions of India*, S. 71.

mehr lobt er die „überweltliche“ Versenkung (*lokottara*), d. h. Versenkung, die gesucht wird, um ein Verlangen loszuwerden, von einem Mönch, der danach strebt, die Wahrheit zu erfassen. Die Absicht des Asketen und seine moralische Vorbereitung sind der ganze Unterschied zwischen weltlicher und überweltlicher Versenkung.
Unsere Texte belegen klar, dass viele der buddhistischen Versenkungen von Nicht-Buddhisten praktiziert wurden, und die Gelehrten sind sich einig, dass die Buddhisten sich in der Tat aus dem gängigen Fundus mystischer Hilfsmittel bedient haben.

Das tatsächliche Ziel der Versenkung scheint im Buddhismus zweifach: den Geist stärken und den Geist leeren.
1. Mittels der Versenkung konzentriert der Asket seinen Geist, er kräftig seine Konzentrationskraft, er wird frei von Zerstreuung. Es gibt viele technische Behelfe, unter denen die zehn *krtsnayatana* besondere Aufmerksamkeit verdienen.[105]
Der Mönch macht eine Scheibe aus rotem Ton – solchem, wie er sich am Ganges-Ufer findet – mit einem Durchmesser von etwa zehn Zentimetern. Er sitzt mit einer Entfernung von zweieinhalb Ellen vor der Scheibe, auf einem Sitz, dessen Höhe durch folgende Regel bestimmt ist: Wenn er weiter entfernt sitzen würde, würde er die Scheibe nicht klar sehen; wenn näher, wären die Unvollkommenheiten der Scheibe sichtbar; wenn zu hoch, müsste er seinen Nacken beugen, um sie zu sehen; wenn zu niedrig, würden seine Knie schmerzen. Dann beginnt die Meditation: Der Asket blickt so lange auf die Scheibe, wie es nötig ist, damit er sie mit geschlossenen Augen vor sich sieht, d. h. um ein mentales Abbild der Scheibe zu erzeugen. Um dieses Ziel zu erreichen, muss er sich manchmal mit offenen Augen und manchmal mit geschlossenen Augen in die Scheibe versenken, hundertmal oder tausendmal

[105] Siehe Warren, S. 293.

oder noch öfter, bis das geistige Bild gefestigt ist. Die ganze Zeit über bewahrt er Gleichgültigkeit gegenüber sinnlichen Freuden; er denkt über die Qualitäten des Buddha nach; er bekräftigt sein Vertrauen in die Wirksamkeit der Übung, die er praktiziert.

2. Versenkung kann als ein Bemühen mit dem Ziel einer tatsächlichen Bereinigung oder Leerung des Geistes verstanden werden; als ein Bemühen darum, unmittelbar solche Ideen wie „Ich“, „mein“, „Selbst“ und „Nicht-Selbst“ loszuwerden.[106] Es heißt nämlich:

> Wenn Sein und Nicht-Sein nicht länger vor dem Geist erscheinen, dann ist das Denken eindeutig beruhigt.

Die Methode hierzu ist keine Einsicht, sei es unmittelbar oder diskursiv, in die Unbeständigkeit oder Nicht-Substantialität, sondern ein mechanischer Prozess.

Der Geist, einmal durch die Übung mit der Tonscheibe oder eine andere Übung von ähnlicher Art gesammelt (*samahita*) und gekräftigt, gibt Stück für Stück seine Inhalte und Begrifflichkeiten auf. Der Asket beginnt mit einem Zustand der Versenkung, verbunden mit Nachdenken und Reflexion. Er gibt Verlangen, Vergehen, Zerstreuungen, diskursives Denken, Vergnügen und hedonistisches Empfinden auf; er geht über jede Wahrnehmung von Materie, Kontakt und Unterscheidung hinaus. Durch die Meditation über die Leere des Raums, durch Erkenntnis ohne irgendein Objekt, von nichts, schreitet er fort in das Stadium, wo es weder Bewusstsein noch Nicht-Bewusstsein gibt, und verwirklicht schließlich das tatsächliche Verschwinden von Empfindung und Wahrnehmung.

Es handelt sich um eine Pause im psychischen Leben, welches mit vollkommener Hypnose zusammenfällt.

---

[106] Siehe Mrs. Rhys Davids, *Psychology* (1914), S. 110 ff.

Zu einem vorher bestimmten Moment – moderne Ärzte erklären, wie dies möglich ist – kehrt der Ekstatiker aus der Versenkung in die Welt der Lebenden durch die gleichen aufeinanderfolgenden Schritte zurück.
Kommt er in genau der gleichen Verfassung zurück, in der er sich vorher befand? Kann er diese spirituellen Errungenschaften wieder und wieder praktizieren, jeden Nachmittag, nachdem er gespeist hat, in einem leeren Zimmer oder unter dem Schatten eines Baumes sitzend, ohne psychologisch und körperlich dadurch beeinflusst zu werden?
Die Buddhisten glauben, dass der Geist so bleibt, wie er ist, imprägniert durch die Versenkungen. Für einige Stunden oder bis zu sieben Tagen kommen Wahrnehmungen und Kognition komplett zum Erliegen. Die Vorstellungen von ich, mein, Sein, Nicht-Sein werden sich vermutlich wieder zeigen – tatsächlich beginnen sie sich wieder zu zeigen, sobald das geistige Leben von Neuem beginnt –, aber sie haben ihre frühere Macht verloren, Begierden zu erwecken; sie sind „eingedämmt". Sakyamuni sagt dazu:

> „Der Geist eines Mönches, der aus der Trance der Beendigung der Gefühle und Wahrnehmungen aufgestiegen ist, neigt zur Einsamkeit, hat eine Tendenz zur Einsamkeit, wird zur Einsamkeit getrieben."

Wir stimmen bereitwillig zu. Der professionelle Ekstatiker wird vermutlich vergessen, wie die äußeren Objekte zu betrachten sind: Die geistigen Reflexe, die er kultiviert hat, werden ihm wirklicher vorkommen als die wechselhaften Erscheinungen der äußeren Objekte; und auf dieselbe Weise nimmt der Ekstatiker auch geheimnisvolle Töne wahr. Er wird unerreichbar für die von den Sinnen geborenen Begierden, unerreichbar für Schmerz, denn seine nervöse Empfindlichkeit ist weitgehend vernichtet. Er ist glücklich; er ist ein Heiliger. Er wird nicht wiedergeboren, denn er hat in die Abfolge seiner Gedanken eine solche Anzahl von Leerstellen eingefügt, dass die zukünftige Erzeugung von Gedanken und Wünschen gestoppt ist.

### 6.5 Konklusion

Es gibt viele attraktivere Aspekte des Buddhismus als diejenigen, welche wir hier untersucht haben. Abgesehen von der religiösen Entwicklung, bekannt als Mahayana, verdankt der frühe Buddhismus seine Popularität, der er sich in Indien erfreut hat und im Westen erfreut, nicht seinen verwickelten Theorien bezüglich der Seele oder des Pfads, sondern seinen moralischen Zügen, der betörenden, rätselhaften Gestalt seines Meisters, der milden Weisheit seiner gnomischen Dichtung, der legendären Literatur (Wiedergeburts-Geschichten), welche so viel Folklore enthalten, der Humanität und dem Esprit. Tatsächlich waren wir mit der absurdesten Seite des Buddhismus beschäftigt, und mit der aus historischer Sicht keineswegs bedeutsamsten. Aber von einem philosophischen Standpunkt aus ist es nützlich, sich klarzumachen, warum die alte Frage, „ob der Buddhismus, da doch atheistisch, dennoch eine Religion sei", kein wirkliches Problem darstellt. Eine unzureichende Kenntnis der Beschaffenheit der indischen Mystik und der zweifachen Natur des Buddhismus ist für die Verwirrung verantwortlich, welche in so einer Fragestellung enthalten ist. Zweitens wurden Buddhisten Sichtweisen bezüglich Seele und Nirwana zugeschrieben, die in keiner Weise zutreffend sind. Ich wage zu hoffen, dass es sich lohnt, diese wichtigen und kontroversen Punkte erneut zu durchdenken, und dass, auch wenn das letzte Wort dazu nie gesprochen werden wird, unsere Bemühungen für ein zutreffenderes Verständnis der buddhistischen Interpretationen nicht vergeblich waren. Mein verstorbener Freund Cecil Bendall räumte bereitwillig ein, dass der einzige Weg zu einem echten Verständnis von Religion darin besteht, an diese Religion zu glauben.[107] Ich bin nicht darauf vorbereitet zu sagen, dass ich ein Buddhist bin, und darüber hinaus ist es zu spät, die Gelübde (*pabbajja*) unter Sariputta zu nehmen. Aber ich habe mir keine Mühen erspart, zu denken und zu fühlen, wie es die „orangegekleideten Mönche" tun, welche so viele herausragende Leistungen erbracht haben, nicht für die Menschheit insgesamt, aber für Indien, China und den Fernen Osten.

[107] Cecil Bendall, 1856-1906, Sanskrit-Professor in Cambridge.

*Weitere Veröffentlichungen/Übersetzungen von Dr. Julian Braun*

***Bunyu Nanjô: Eine kurze Geschichte der japanischen buddhistischen Schulen.*** (Angkor Verlag 2014)

***Junjirô Takakusu: Grundzüge buddhistischer Philosophie*** (Angkor Verlag 2014)

***William McGovern: Buddhistische Philosophie und Kosmologie*** (Angkor Verlag 2016)

***Kaiten Nukariya: Die Religion der Samurai: Eine Studie der Philosophie und Praxis des Zen in China und Japan.*** (Angkor Verlag 2017)

***Bunbu-ryôdô. Philosophie und Ethik japanischer Kriegskunst der Tokugawa-Zeit (1603-1868).*** (Angkor Verlag 2016)

***Ninjutsu. Geschichte und Gegenwart.*** (Angkor Verlag 2017)

***Kaibara Ekiken: Regeln zur Lebenspflege (Yôjôkun).*** (Iudicium 2010, zusammen mit Andreas Niehaus)

***Karate als Lebensweg.*** Selbstkultivierung auf der Grundlage der 20 Leitsätze (*shôtô nijûkun*) des Shôtokan Karate. (Tengu Publishing 2011)

***Samurai und Kriegskunst.*** Kompendium aus klassischen Texten der Tokugawa-Zeit. (Tengu Publishing 2012)

***Nyanatiloka: Führer durch den Abhidhamma-Pitaka*** (Michael Zeh Verlag 2013)

***Texte aus der ‚Schule der anhaltenden Feindlosigkeit' (Heijô muteki-ryû): Ein Beitrag zum ‚gemeinsamen Weg von Schwert und Pinsel' der Samurai im Japan der Tokugawa-Zeit*** (Grin 2013)

*www.selbstschmiede.de*